Für Dich

Die Deutsche Nationalbibliothek verzeichnet diese Publikation in der Deutschen Nationalbibliografie; detaillierte bibliografische Daten sind im Internet über www.dnb.de abrufbar.

DOEDL-Methode – Selbstmanagement im Studium von Tim Reichel

Studienscheiss UG (haftungsbeschränkt)
Rathausstr. 24 B, 52072 Aachen
kontakt@studienscheiss.de
Geschäftsführer: Dr. Tim Reichel, M.Sc.
Registergericht: Amtsgericht Aachen
Registernummer: HRB 19105
USt-IdNr.: DE295455486

Zweite Auflage, September 2020

© 2017-2020 Studienscheiss Verlag, Aachen

ISBN: 978-3-946943-00-6 Print (Hardcover)
ISBN: 978-3-946943-01-3 E-Book (PDF)
ISBN: 978-3-946943-02-0 E-Book (EPUB)
ISBN: 978-3-946943-03-7 Audio (Hörbuch)

Lektorat: Claudia Henning, Köln
Umschlagmotiv: Melanie Schwarz, Aachen
Umschlaggestaltung, Layout und Satz: Tim Reichel, Aachen
Foto: Sajoscha Blinn, Bottrop
Herstellung: CPI, Ulm
Printed in Germany

www.studienscheiss.de

DOEDL-Methode

Selbstmanagement im Studium

Tim Reichel

Studienscheiss Verlag

Durchblicken

Organisieren

Einteilen

Durchführen

Loslassen

Inhalt

Mehr Tipps für dein Studium:

www.studienscheiss.de

Start

Im Regen

Es regnet. Es ist kalt, dunkel und es regnet. Du bist auf dem Weg zur Vorlesung – doch richtig Lust hast du nicht. Aber immerhin: Du hast dich aufgerafft und bist unterwegs. Während du an der Straßenecke darauf wartest, dass die Ampel grün wird, starrst du in die Pfütze vor deinen Füßen. Dein verzerrtes Spiegelbild sieht nicht besonders glücklich aus. Du denkst nach:

Unterm Strich hast du dir die Uni irgendwie anders vorgestellt. Am Anfang lief es noch ganz gut, aber mittlerweile ist der Zauber verflogen. Anstelle von mitreißenden Vorlesungen und abgefahrenen Studentenpartys ist dein Studium nur noch anstrengend. Du hast unglaublich viel zu tun und die offenen Punkte auf deiner To-do-Liste nehmen Tag für Tag zu.

Mit jeder neuen Woche im Semester wächst dein Aufgabenberg rasant an und es prasseln immer weitere Herausforderungen auf dich ein. Die Überfrachtung moderner Studiengänge und die Informationsflut durch digitale Medien sorgen dafür, dass du dich konstant überlastet fühlst.

Du bist genervt und bewegst dich irgendwo zwischen Burnout und ignorantem Wegschauen. Und während du beobachtest, wie die Stapel auf deinem Schreibtisch immer größer werden, fragst du dich: Wie soll ich das alles schaffen?

Dabei ist die viele Arbeit gar nicht das Schlimmste, sondern: Du bist auf dich allein gestellt. Du musst dich um alles selbst kümmern und sehen, wie du zurechtkommst. Wenn du darauf hoffst, dass dir jemand zeigt, wie man strukturiert arbeitet oder produktiv studiert, bist du auf dem Holzweg. Du kannst lange darauf warten, dass dir deine Hochschule unter die Arme greift und dir beibringt, wie du ein guter Student wirst.

Deine Uni lässt dich im Regen stehen.

Doch sie meint es nicht böse. Das Anforderungsprofil an die heutigen Studenten hat sich nur massiv verändert. Es reicht nicht mehr aus, dass du clever bist und schnell auswendig lernen kannst. Du musst selbstständig arbeiten und gut organisieren können. Du musst dein Studium managen und auch abseits deiner Vorlesungen eine gute Figur machen.

Deine Uni liefert dir die Inhalte – was du daraus machst, ist deine Sache. Niemand nimmt dir die Organisation deines Studiums ab; niemand wird dir das Händchen halten und Schritt für Schritt zeigen, wie du eine Strategie fürs Studieren findest.

Natürlich brauchst du so etwas. Aber wenn du dein Studentenleben ordnen möchtest, dann musst du es schon selbst machen. Doch die gute Nachricht ist: Dazu musst du keine bis ins kleinste Detail durchgetaktete Organisationsmaschine werden.

Du brauchst lediglich ein System, das dir den Rücken frei hält. Du brauchst Orientierung und Entlastung, damit du dich auf dein Kerngeschäft konzentrieren kannst: das Studieren.

Und dieses System muss nicht kompliziert oder langweilig sein. Du brauchst nur eine schlagkräftige Methode, die funktioniert und im besten Fall auch noch Spaß macht.

Ich hätte da was.

Die DOEDL-Methode

Studieren nach System hört sich erstmal furchtbar an – und das ist es auch. Wenn du etwas nach System machst, zwängst du dich immer in eine starre Form und tauschst deine Freiheit gegen strikte Regeln ein.

So etwas kann durchaus erfolgreich sein, aber es macht keinen Spaß. Meistens jedenfalls nicht. Und wenn es nach mir geht, muss studieren Spaß machen – es darf anspruchsvoll und phasenweise auch anstrengend sein, aber unterm Strich sollte dich dein Studium glücklich machen.

Deswegen zeige ich dir in diesem Buch einen anderen Ansatz. Ich zeige dir eine Methode, die dich beim Studieren unterstützt und universell einsetzbar ist. Sie ist kinderleicht zu verstehen und lässt sich schnell umsetzen; sie gibt dir Halt, aber engt dich nicht ein. Egal, wie du dich im Moment fühlst und egal, wie gestresst du gerade bist.

Es ist ein einfacher Fünf-Schritte-Plan, der wegen der jeweiligen Anfangsbuchstaben DOEDL-Methode heißt:

Durchblicken, Organisieren, Einteilen, Durchführen, Loslassen.

Mehr ist es nicht, aber: Mit diesen fünf Schritten lässt sich jede Aufgabe und jedes Projekt in deinem Studium (und in deinem Leben) anpacken und bewältigen. Es ist eine schlagkräftige Strategie, die dir Orientierung, Struktur und Sicherheit gibt. Du bekommst mit DOEDL eine Vorlage fürs Studieren, die du ganz individuell ausgestalten und beliebig anpassen kannst.

Und: DOEDL funktioniert immer. Es spielt keine Rolle, ob du in deinem ersten Bachelorsemester bist oder bald deinen Master abschließt; egal, ob du Medizin, Jura, Lehramt, BWL, Maschinenbau oder asiatische Kunstgeschichte studierst – die Herangehensweise an neue Aufgaben und Probleme ist immer gleich:

Durchblicken, Organisieren, Einteilen, Durchführen, Loslassen.

Mit DOEDL kannst du jede Herausforderung zielsicher meistern. Du wirst lernen, wie du dein Studium eigenständig organisieren und selbst dafür sorgen kannst, dass du ein erfolgreicher und zufriedener Student wirst – und bleibst.

Dazu habe ich die besten Selbstmanagement-Strategien für Studenten gesammelt und für dich zusammengefasst. Es sind die nützlichsten Tipps, die ich während meiner Arbeit als Fachstudienberater und als Autor für meinen Studienscheiss-Blog gefunden habe.

Zusammen ergeben sie die DOEDL-Methode und zeigen dir, wie du zielorientiert und entspannt studieren kannst, ohne dich selbst auszubeuten. Du bekommst einen orangen Faden für deine Aufgaben und Projekte, an dem du dich entlanghangeln und immer wieder hochziehen kannst.

Wenn du dich beim Studieren überfordert, orientierungslos und hilflos fühlst, ist diese Methode dein Rettungsschirm. Sie gibt eine einfache Struktur vor und zeigt dir, wie du dein Chaos wieder in den Griff bekommst.

Und dabei ist diese Strategie so einfach, dass selbst der größte Dödel sie verstehen und anwenden kann.

Wie dir dieses Buch helfen wird

Jeder Student sehnt sich nach einem selbstbestimmten Studium. Die Schwierigkeit dabei ist nur: Je individueller dein Unialltag aussehen soll, desto selbstständiger und eigenverantwortlicher musst du ihn organisieren. Und je mehr Freiheiten du an der einen Stelle haben möchtest, desto stärker musst du an anderer Stelle diszipliniert und konsequent sein.

Falls dir dafür bisher die passenden Strategien oder Tools gefehlt haben, ist dieses Buch genau das Richtige für dich. Ich zeige dir, wie du dein Selbstmanagement von Grund auf verbessern kannst und endlich das Studium bekommst, das du dir verdient hast.

Mit der DOEDL-Methode bekommst du dein Studentenleben unter Kontrolle und wirst für alle kommenden Aufgaben einen Plan in der Tasche haben. Die Sache hat nur einen Haken: Geschenkt gibt es das nicht – du musst dafür arbeiten.

Doch der Aufwand wird sich lohnen, denn eine Verbesserung deiner Organisation und deines Selbstmanagements ist eine langfristige Investition in dich selbst. Wenn du die richtigen Konzepte erstmal drauf hast, kannst du zielgerichteter studieren und viel bessere Ergebnisse liefern. Außerdem sparst du Zeit und kannst entspannter und zufriedener deine neuen Freiräume genießen.

Dazu sehen wir uns Schritt für Schritt die fünf DOEDL-Prinzipien an und lernen die Strukturen kennen, die deine neue Arbeitsweise prägen werden.

Damit das Ganze nicht so trocken bleibt, bekommst du bei jeder Gelegenheit Beispiele aus dem Unialltag und Best-Practice-Anleitungen, die dir sofort weiterhelfen.

Das sind die fünf Prinzipien der DOEDL-Methode:

D wie Durchblicken

O wie Organisieren

E wie Einteilen

D wie Durchführen

L wie Loslassen

Nach jedem Kapitel gibt es noch ein paar Tipps und Tricks für dich in diesen drei Kategorien:

👁 Auf einen Blick
Knackige Übersicht und kurze Zusammenfassung der wichtigsten Punkte aus dem Kapitel.

☆ Aufgaben
Praxistipps und Aufgaben für dich, damit du die neuen Methoden direkt ausprobieren und anwenden kannst.

💡 Lesetipps
Weiterführende Quellen und interessante Bücher, die zum Thema passen und dir einen echten Mehrwert bieten.

Die DOEDL-Methode ist ein Konzept, mit dem du deine Arbeitsroutinen und Tagesabläufe im Studium strukturieren kannst. Und das Beste daran ist: Du entscheidest selbst, wie du sie anwendest und für dein Studentenleben ausgestaltest. Ich zeige dir nur, wie du vorgehen kannst und worauf du achten solltest.

Deshalb bauen die Kapitel in diesem Buch systematisch aufeinander auf. Wenn das Thema neu für dich ist oder du dich ein bisschen führen lassen möchtest, empfehle ich dir, die Abschnitte in der vorgeschlagenen Reihenfolge zu lesen und chronologisch durchzuarbeiten. Auf diese Weise kannst du die Konzepte am schnellsten aufnehmen und anwenden.

Generell habe ich versucht, lange Umschreibungen und überladene Textpassagen wegzulassen. So etwas ist langweilig und bremst nur deinen Lesefluss. Ich habe mich stattdessen auf die Kerngedanken konzentriert, diese kurz und knapp dargestellt und mit vielen Praxisbeispielen aufgepeppt. So kannst du direkt loslegen und dieses Buch optimal für dich nutzen.

Wenn du entschlossen bist, dein Studium selbst in die Hand zu nehmen, kann die DOEDL-Methode dein Schlüssel zum Erfolg werden. Egal, ob du noch am Anfang deines Studiums stehst oder schon weiter bist und nur etwas Inspiration brauchst – die Konzepte in diesem Buch werden dir helfen.

Oder anders gesagt: Wenn du beim Studieren mal nicht weiter weißt und rumdödelst, anstatt produktiv zu sein, kannst du dich an dieser Methode hochziehen und endlich voll durchstarten.

Lass uns anfangen.

D wie Durchblicken

Behalte den Überblick!

Vorlesungsunterlagen, Skripte und Collegeblöcke voller Notizen: Jeden Tag wächst deine Materialsammlung an. Du wirst mit neuen Informationen und „wichtigen" Inhalten überhäuft.

Dazu kommen noch Termine und Fristen für dein Studium wie Vorlesungen, Seminare, Anmeldefristen, Treffen mit der Lerngruppe, Prüfungstermine und so weiter.

Wenn du dich nur aufs Studieren konzentrieren müsstest, hättest du schon viel um die Ohren – aber das ist ja nicht alles. Zusätzlich stehen private Verpflichtungen auf deiner To-do-Liste: Freunde, zeitintensive Hobbys, deine Wohnung, dein Nebenjob und Ansprüche von der Familie fordern gleichermaßen ihren Platz in deinem Leben ein.

Bei dieser Informationslawine und den täglich neuen Aufgaben verlieren viele Studenten schnell den Überblick. Sie schaffen es nicht, die neuen Eindrücke richtig zu verarbeiten und zu bewerten. Sie verlieren sich in einem Meer aus Kleinigkeiten und übersehen dabei die wichtigen Eckpfeiler. Nach kurzer Zeit steht ihnen das Wasser dann bis zum Hals.

Zielgerichtetes und produktives Studieren ist in dieser Lage kaum noch möglich. Deswegen besteht der erste Schritt für die Verbesserung deines Selbstmanagements darin, dass du Ordnung in dein Chaos bringst.

Du musst die Kontrolle zurückgewinnen und dir einen systematischen Durchblick verschaffen. Denn erst, wenn du weißt, wo du gerade stehst, kannst du Strategien entwickeln, um deine Ziele zu erreichen.

Darum schauen wir uns zuerst an, wie du deinen Ist-Zustand schnell und einfach aufnehmen kannst. Auf dieser Grundlage wird es dir gelingen, Wichtiges von Unwichtigem zu unterscheiden und dir ein kluges Ablagesystem zurechtzulegen, das dir Sicherheit und Orientierung gibt.

Doch bevor wir anfangen, brauchen wir erstmal Platz – in deinem Kopf.

Obenrum frei machen

Dein Kopf ist voll.

Täglich musst du an tausend Dinge denken: Heute Nachmittag noch zur Uni, danach muss das Buch zurück zur Bib. Später noch einkaufen, dann ab zum Sport und den Dozenten per E-Mail nach der nächsten Prüfung fragen. Morgen ist das Treffen mit der Lerngruppe und übermorgen der Geburtstag von...

Jeden Tag kommst du mit hunderten neuen Dingen in Kontakt, die du irgendwie aufnehmen, verarbeiten und bewerten musst. Du ertrinkst förmlich in den sich dir bietenden Möglichkeiten und wirst von viel zu vielen Aufgaben überschwemmt.

Doch was passiert mit all diesen Informationen, Terminen und wichtigen Erinnerungen, die du nicht vergessen darfst?

Richtig: Sie wuseln in deinem Kopf herum.

Und: Sie blockieren dich!

Deshalb müssen sie da raus. Du musst Platz schaffen und deinen Kopf von all den Ideen und Infos befreien, damit du dich konzentriert mit deinen Aufgaben beschäftigen kannst und nicht ständig abgelenkt wirst.

Der Plan ist also: Wir nehmen alles, was dir durch den Kopf geht, und speichern es irgendwo anders ab. Damit sorgen wir dafür, dass deine internen Ressourcen wieder frei werden und du keine Energie aufwenden musst, um dir Sachen ins Gedächtnis zu rufen.

Dafür nutzen wir eine Abwandlung der bekannten Getting-Things-Done-Methode von David Allen und führen eine einfache, externe Ablage ein.

Über die letzten Jahre ist die Getting-Things-Done-Methode (oder kurz: GTD-Methode) zu einer der erfolgreichsten Produktivitätstechniken geworden. Unter anderem auch, weil das System dem Nutzer nicht vorschreibt, wie er seine Arbeit zu verrichten hat, sondern den Fokus auf das Erfassen und Organisieren von Aufgaben legt.

Im Prinzip besteht die Methode nur darin, dass du alle Aufgaben, Ziele, Termine und Deadlines aufschreibst und ordnest. Aber diese Technik hat es in sich und sorgt dafür, dass alles, woran du denken musst, aus dem Kopf verbannt wird.

Dadurch bekommst du Klarheit und hast den Kopf für das Wesentliche frei. Alles andere steht dann auf deiner To-do-Liste und belastet dich nicht mehr. Die GTD-Methode ist einfach anzuwenden und bringt dir schon nach kurzer Zeit erste Erfolgserlebnisse. Trotzdem musst du einige Grundprinzipien beachten.

Mit diesen drei Schritten löst du das Chaos in deinem Kopf auf:

Schritt 1: Verbanne alles aus deinem Kopf!

Schreibe alles auf: Jede kleine Aufgabe, Frist oder Erinnerung, die du nicht vergessen darfst!

Vorteil: Dein Kopf ist nicht länger verstopft und du musst dich nicht ständig unterbewusst an viele verschiedene Dinge erinnern. Das spart Energie und erhöht deine Konzentration.

Schritt 2: Bestimme sofort den ersten Schritt!

Lege bei jeder Aufgabe ganz konkret fest, wie du anfangen möchtest!

Vorteil: Du weißt direkt, wie du loslegen kannst und wirst später nicht ausgebremst, wenn du dir die Aufgabe vornimmst. Die schriftliche Fixierung motiviert zusätzlich.

Schritt 3: Ordne deine Liste!

Ordne deine To-do-Liste nach Kategorien! Gehe deine Liste regelmäßig durch und halte deine Übersicht aktuell!

Vorteil: Du hast einen genauen Überblick über deine Aufgaben und Ziele. Du weißt, welche Punkte wichtig sind und wirst dich nie wieder verzetteln oder Deadlines verpassen.

Einfach, oder? Die GTD-Methode eignet sich für alle Lebensbereiche und ist besonders dann hilfreich, wenn du dir viele verschiedene Informationen und Aufgaben merken musst. Damit ist diese Technik ein hervorragendes Konzept für Studenten, die in kurzer Zeit ganze Berge an wichtigem Input aufnehmen müssen und im Studium phasenweise mit dringenden Aufgaben überschüttet werden.

Dazu sehen wir uns jetzt ein Beispiel an und schauen in den Kopf eines x-beliebigen Studenten, der gerade versucht, konzentriert zu lernen.

Folgende Gedanken könnten ihn dabei stören:
„Ah ja, der Zusammenhang ist also… Moment mal, morgen ist schon um 8:15 Uhr Vorlesung. Dafür muss ich noch das Skript

ausdrucken. Danach muss ich noch zur Bib. ‚Einführung in die Statistik' muss zurück. Abends muss der Müll rausgestellt werden. Davor bin ich mit Lisa verabredet. Ist meine Wohnung eigentlich aufgeräumt? Und wann ist nochmal der zweite Prüfungstermin? Später plane ich meinen nächsten Urlaub in Spanien. Sarah kennt da ein schönes Hotel. Wie hieß das nochmal? Das Diagramm auf Seite 54 verstehe ich nicht. Dazu schreibe ich dem Dozenten später noch. Nächsten Mittwoch fällt übrigens die Vorlesung aus. Und: Übermorgen endet die Anmeldefrist – nicht vergessen! Ich muss zum Zahnarzt."

Chaos.

Es ist unmöglich, bei so vielen Gedanken, die zum Teil gar nichts miteinander zu tun haben, klar zu denken. Aber mit der GTD-Methode bringst du Struktur in diesen Wirrwarr.

Und zwar so:

Schritt 1: Verbanne alles aus deinem Kopf!

- ✔ Vorlesung fängt morgen schon um 8:15 Uhr an
- ✔ Skript ausdrucken
- ✔ Buch „Einführung in die Statistik" zurück zur Bib
- ✔ Müll rausbringen
- ✔ Verabredung mit Lisa
- ✔ Wohnung aufräumen
- ✔ Checken, wann der zweite Prüfungstermin ist
- ✔ Urlaub in Spanien planen
- ✔ Sarah nach Hotel fragen
- ✔ Dozent schreiben: Diagramm auf Seite 54

- ✔ Mittwoch fällt die Vorlesung aus
- ✔ In zwei Tagen endet die Anmeldefrist
- ✔ Termin beim Zahnarzt machen

Damit haben wir den Gedankensalat schon mal in eine einfache Liste gepackt. Als nächstes bestimmen wir jeweils den ersten, konkreten Schritt und machen aus deinen Gedanken verbindliche Aufgaben:

Schritt 2: Bestimme sofort den ersten Schritt!

- ✔ <u>Vorlesung fängt morgen schon um 8:15 Uhr an</u>
  Wecker stellen

- ✔ <u>Skript ausdrucken</u>
  PDF raussuchen

- ✔ <u>Buch „Einführung in die Statistik" zurück zur Bib</u>
  Buch in die Tasche legen

- ✔ <u>Müll rausbringen</u>
  Handy-Erinnerung schreiben

- ✔ <u>Verabredung mit Lisa</u>
  Hose anziehen

- ✔ <u>Wohnung aufräumen</u>
  staubsaugen

- ✔ <u>Checken, wann der zweite Prüfungstermin ist</u>
  online nachsehen

- ✔ <u>Urlaub in Spanien planen</u>
  Google-Recherche

- ✔ <u>Sarah nach Hotel fragen</u>
  Sarah anrufen

- ✔ <u>Dozent schreiben: Diagramm auf Seite 54</u>
  E-Mail-Adresse recherchieren
- ✔ <u>Mittwoch fällt die Vorlesung aus</u>
  Kalender aktualisieren
- ✔ <u>In zwei Tagen endet die Anmeldefrist</u>
  alle Anmeldungen überprüfen
- ✔ <u>Termin beim Zahnarzt machen</u>
  beim Zahnarzt anrufen

Die Bestimmung des ersten Schritts sieht erstmal kleinlich und überflüssig aus. Aber: Dieses Detail wirkt sich sehr positiv auf deine Produktivität aus und sorgt dafür, dass du deine Aufgaben viel entschlossener und zielstrebiger angehst; du weißt sofort, was zu tun ist und brauchst nicht lange herumzufackeln.

Zum Schluss teilen wir die Punkte auf deiner Liste noch in Kategorien ein und schaffen so eine übersichtliche Struktur für deine wichtigsten Lebensbereiche. Für unser Beispiel nehmen wir die vier Kategorien „Studium", „Wohnung", „Freizeit" und „Sonstiges":

Schritt 3: Ordne deine Liste!

Kategorie: Studium

- ✔ <u>Vorlesung fängt morgen schon um 8:15 Uhr an</u>
  Wecker stellen
- ✔ <u>Skript ausdrucken</u>
  PDF raussuchen
- ✔ <u>Buch „Einführung in die Statistik" zurück zur Bib</u>
  Buch in die Tasche legen

✔ Checken, wann der zweite Prüfungstermin ist
online nachsehen

✔ Dozent schreiben: Diagramm auf Seite 54
E-Mail-Adresse recherchieren

✔ Mittwoch fällt die Vorlesung aus
Kalender aktualisieren

✔ In zwei Tagen endet die Anmeldefrist
alle Anmeldungen überprüfen

Kategorie: Wohnung

✔ Müll rausbringen
Handy-Erinnerung schreiben

✔ Wohnung aufräumen
staubsaugen

Kategorie: Freizeit

✔ Verabredung mit Lisa
Hose anziehen

✔ Urlaub in Spanien planen
Google-Recherche

✔ Sarah nach Hotel fragen
Sarah anrufen

Kategorie: Sonstiges

✔ Termin beim Zahnarzt machen
beim Zahnarzt anrufen

Statt ganz viel Gedankenbrei, der dich blockiert und vom Lernen abhält, hast du jetzt nur noch vier Listen. Vier kleine, harmlose Listen, die dich aber unglaublich entlasten und produktiv machen. Keine Ablenkung mehr – nur noch Klarheit.

Diese Anwendung der GTD-Methode ändert deine Lebensweise. Sie sorgt dafür, dass du endlich den Kopf frei bekommst und dich fokussiert mit *einer* wichtigen Aufgabe beschäftigen kannst. Und zwar ohne dass deine Gedanken die ganze Zeit abschweifen und dich verwirren.

Die Grundregel lautet also: Schreib deine Gedanken auf!

Verschwende keine wertvollen Denkkapazitäten, sondern verschiebe alle Informationen an einen externen Ort – und halte sie dort fest. Besonders dann, wenn du mit vielen kleinen Dingen überhäuft wirst, ist dies eine effektive Methode, mit der du deine Gedanken ordnen und alle Aufgaben auf einer einfachen Liste bündeln kannst.

Damit ist der erste Schritt zu deiner neuen Selbstorganisation auch schon abgeschlossen. Aber wenn du wirklich den vollen Durchblick bekommen möchtest, müssen wir noch Ordnung und Struktur in deine Auflistung bringen. Wir müssen deinen ganzen Informationsverarbeitungsprozess anpacken und dafür sorgen, dass du nie wieder verwirrt sein wirst.

Dazu nutzen wir das obenrum freigewordene Potenzial direkt aus und klären die wichtigste Frage für dich:

Was willst du überhaupt erreichen?

Was dir wirklich wichtig ist

Sobald du deinen Ist-Zustand aufgenommen hast, können wir einen Schritt weiter gehen und schauen nach vorne. Denn erst wenn du eine klare Vorstellung von deiner Zukunft hast und weißt, wo du hin möchtest, kannst du deine aktuelle Situation bewerten – und dann den richtigen Weg einschlagen.

Struktur ist immer auch eine Frage der Zielausrichtung. Sobald du dir klar gemacht hast, was dir wichtig ist und was du erreichen möchtest, ist es einfach, dein Handeln danach auszurichten.

Alles was du dazu brauchst, ist ein eigenes, kleines Zielsystem. Und das ist gar nicht kompliziert, es besteht nur aus diesen drei Komponenten:

- ✔ Vision
- ✔ Leitbild
- ✔ Ziel

Diese Zielebenen bauen aufeinander auf und werden von Stufe zu Stufe konkreter. Sobald du dein ganz persönliches Zielsystem festgelegt hast, zeigt es dir, in welche Richtung du gehen sollst und welche Prioritäten du dafür setzen musst.

Deine Vision steht dabei an höchster Stelle und ist eine übergeordnete Idee von dem, was du langfristig erreichen möchtest. Dein Leitbild legt die Rahmenbedingungen fest, die deinen Weg bestimmen. Es zeigt dir, an welchen Stellschrauben du drehen kannst und zwischen welchen Konstanten du dich bewegst. Am Ende deines Systems steht dein Ziel: ein klarer, fixierter Endzustand, auf den du punktgenau zusteuern kannst.

Stell dir dein Studium als eine persönliche Reise vor: Du brichst irgendwann auf und möchtest studieren; du möchtest einen akademischen Abschluss erreichen, aber wie das genau gehen soll, ist unklar.

Mit dem Zielsystem Vision-Leitbild-Ziel wird aus deiner ungewissen Reise eine klare Route – du schaffst dir sozusagen dein eigenes Navigationssystem. Vom Weg abkommen: unmöglich!

Dazu ein Bild:

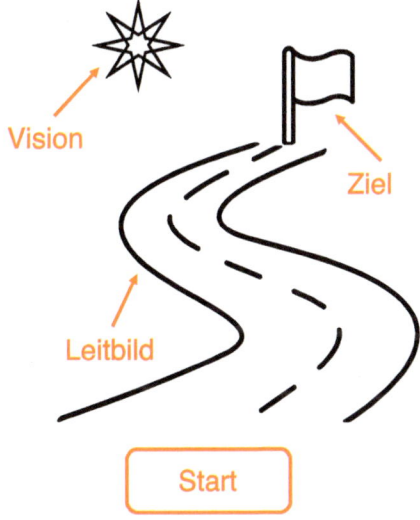

Deine Visionen, Leitbilder und Ziele geben dir Orientierung und formen deinen Weg. Wie du dein eigenes Zielsystem findest und warum dir ein Stern, eine Wegbegrenzung und ein Fähnchen dabei helfen werden, sehen wir uns jetzt im Detail an.

Vision

Deine Vision ist ein übergeordnetes Ziel für dein Studium. Sie ist eine motivierende Vorstellung von deiner Zukunft und führt dich durch schwierige Zeiten. Sie zeigt dir, wo du langfristig hinmöchtest. Dabei müssen Visionen nicht komplett realistisch sein, sondern sollten eher deine Wünsche und Träume widerspiegeln – dabei aber trotzdem erreichbar erscheinen.

Zu abstrakt? Dann hilft dieses bekannte Wüstenbeispiel von Goerke und Hinterhuber:

> Eine Vision ist mit dem Polarstern vergleichbar. Die Karawane in der Wüste, deren Landschaftsbild sich in den Sandstürmen dauernd ändert, richtet ihre Reise am Sternenhimmel aus.
>
> Die Sterne sind nicht das Ziel der Reise; sie sind aber eine sichtbare Orientierung für den Weg in die Oase, egal aus welcher Richtung die Karawane diese anstrebt und mit welcher Reiseausstattung sie unterwegs ist.

Auch beim Studieren brauchst du eine Vision, der du wie dem Polarstern folgen kannst:

Der Stern ist nicht das Ziel; er gibt jedoch die Richtung an, in die du dein Denken, Handeln und Fühlen lenken kannst. Die Vision klärt also dein *Warum* – sie ist die Frage nach dem Sinn.

Wenn du deine eigene Vision finden möchtest, musst du dir Gedanken über deine Werte und grundlegenden Einstellungen zum Studieren machen.

Diese Fragen helfen dir dabei:

- ✔ Warum studiere ich?
- ✔ Wozu soll mein Studium später gut sein?
- ✔ An welche Prinzipien glaube ich?
- ✔ Worauf bin ich stolz?
- ✔ Worauf möchte ich später stolz zurückblicken?

Versuche diese Leitfragen für dich zu beantworten. Sei dabei ehrlich und präzise – gib deinem Studium einen Sinn!

Zum Schluss gibt's noch ein kleines Anwendungsbeispiel. Eine mögliche Studentenvision könnte so aussehen:

„Durch mein Studium möchte ich mich selbst verwirklichen und über mich hinauswachsen. Das wird nicht immer leicht sein, aber ich nehme das gerne in Kauf, weil es eine Investition in mich selbst ist.

Nach meinem Studium möchte ich ein Experte auf meinem Fachgebiet sein und einen Beruf finden, der mich glücklich und zufrieden macht. Ich bin fest davon überzeugt, dass mir mein Studium dabei helfen wird – egal, wie es letztendlich ausgeht und wofür ich mich entscheide.

Ich möchte selbstständig und unabhängig sein."

Leitbild

Dein Leitbild ist deutlich konkreter als deine Vision und zeigt dir, *wie* der Weg zu deinem Ziel aussehen kann. Mit deinem Leitbild entscheidest du dich für eine bestimmte Route, die dich durch dein Studium führt. Du legst Wegbegrenzungen und Zwischenstationen fest, die dich auf der Bahn halten.

Im Gegensatz zu deinen späteren Zielen ist dein Leitbild allerdings eher eine Sammlung von eigenen Empfehlungen, die dir ein glückliches und zufriedenstellendes Studium garantieren sollen.

Dazu zählen bestimmte Meilensteine, die du auf jeden Fall erreichen möchtest, aber auch individuelle Bedürfnisse, denen du unbedingt gerecht werden willst. Du merkst schon: Deine Persönlichkeit und deine eigenen Erwartungen an dich selbst prägen dein Leitbild stark. Wenn du diese Einflüsse zulässt, kann es dir gelingen, die starren Vorgaben aus deiner Prüfungsordnung in einen individuellen Studienverlauf umzuwandeln.

Dein Weg ist dann nicht mehr standardmäßig vorgegeben und gerade, sondern so, wie du ihn haben möchtest:

Den *einen* richtigen Weg gibt es nicht; Ziele lassen sich auf verschiedene Arten erreichen. Es gibt nur deinen Weg – und der wird dich glücklich und zufrieden machen. Wie viele Schlenker dieser Weg macht und welche Begrenzungen am Rand stehen, entscheidest du. Mit deinem Leitbild.

Diese Fragen helfen dir dabei, es zu finden:

- ✔ Wie möchte ich studieren?
- ✔ Wie soll mein Studentenleben aussehen?
- ✔ Was möchte ich während meines Studiums erreichen?
- ✔ Welche Stationen müssen in meinem Studienverlauf vorhanden sein?
- ✔ Was erwarte ich von mir selbst und meinem Studium?

Mit diesen W-Fragen legst du die Rahmenbedingungen für dein Studium fest und ebnest dir den Weg zu deinen großen Zielen. Dazu noch ein beispielhaftes Studentenleitbild:

„Mein Studium soll meinen Wünschen und individuellen Vorlieben entsprechen. Ich muss mich zwar an Vorgaben halten, aber ich werde meinen eigenen Weg finden. Dazu gehören diese Stationen:

→ Auslandssemester absolvieren

→ zusätzliche Fremdsprache lernen

→ Abschlussarbeit in einem Unternehmen schreiben

Ich möchte entspannt studieren und mich nicht die ganze Zeit hetzen lassen. Deshalb muss ich auch nicht in der Regelstudienzeit studieren – auch wenn ich mich dann nicht mehr mit BAföG finanzieren kann. Ich werde mich schon durchkämpfen."

Ziel

Mit dem Festlegen deiner konkreten Ziele sind wir jetzt auf der letzten und wichtigsten Ebene deines neuen Zielsystems angekommen. Während deine Vision eine übergeordnete Idee darstellt und dein Leitbild den Weg markiert, sind deine Ziele greifbare Vorhaben, die du eins zu eins umsetzen möchtest.

Wenn du in deinem Studium und im hektischen Alltag den Durchblick behalten möchtest, brauchst du Ziele – sonst verlierst du die Übersicht und kannst nicht entscheiden, was du mit deiner Zeit anfängst. Ziele sind aber keine einschnürenden Druckmittel unserer Leistungsgesellschaft, die dich auf Linie bringen sollen. Sie sorgen nur dafür, dass du die unwichtigen Dinge außer Acht lässt und dich auf das Wesentliche konzentrierst.

Und das Wesentliche ist genau das, was dir persönlich wichtig ist. Wenn du Ziele hast, weißt du genau, was du tun musst. Aber das Beste ist: Du kannst sie dir selbst aussuchen. Dazu müssen deine Ziele nur ein paar wichtige Eckpunkte haben: Sie müssen klar, eindeutig, verbindlich und zeitlich gebunden sein. Deine Ziele sind also Fixpunkte, auf die du genau zusteuern kannst:

Erst klare Ziele helfen dir dabei, herausragende Ergebnisse zu erreichen – und das nicht nur im Studium. Denn sobald du weißt, wo du hin möchtest, kannst du den genauen Weg dorthin festlegen und die richtigen Schritte unternehmen. Sonst nicht.

Mit diesen Fragen findest du deine Ziele:

- ✔ Welchen Zustand möchte ich genau erreichen?
- ✔ Wie sieht das gewünschte Ergebnis im Detail aus?
- ✔ Wie lässt sich mein Ziel von anderen abgrenzen?
- ✔ Wie ist mein Ziel eindeutig messbar?
- ✔ Wann möchte ich mein Ziel erreichen?

Deine Ziele sollten demnach so konkret wie möglich festgelegt werden. Und das am besten schriftlich, damit sie eine noch größere Verbindlichkeit auf dich ausstrahlen.

Das könnte zum Beispiel so aussehen:

„Meine Ziele in diesem Semester sind:

- → Ich werde die Klausur am ersten Prüfungstermin mit der Note 1,7 bestehen.
- → Ich werde meine Studienarbeit fristgerecht am [Datum einfügen] abgeben.

Meine Ziele für diese Woche sind:

- → Ich werde morgen Vormittag von 10:00 Uhr bis 11:30 Uhr für das Fach XYZ lernen.
- → Ich werde am Donnerstag Kapitel 1-2 aus dem neuen Buch lesen und zusammenfassen."

Wie du siehst, kannst du beim Zielesetzen auf verschiedenen zeitlichen Ebenen planen (Semester und Woche) und damit noch mehr Struktur in deinen Alltag bringen. Denn auf der Grundlage deiner Semesterziele kannst du viel leichter deine Ziele für den kommenden Monat oder für die neue Woche festlegen. Das Gleiche gilt übrigens auch für deine Vision und dein Leitbild.

Außerdem kannst du dein komplettes Zielsystem auch auf andere Lebensbereiche ausdehnen, die nichts mit deinem Studium zu tun haben. Wie wäre es zum Beispiel mit ein paar konkreten Zielen für dein Lieblingshobby? Oder einem Leitbild für deine Beziehung? Orientierung und Zielstrebigkeit machen sich in fast allen Abschnitten gut und helfen dir dabei, optimistisch und motiviert zu bleiben.

Wenn du für dich selbst herausfindest, was dir wichtig ist und wo du hin möchtest, wird dein Selbstmanagement eine neue Dimension erreichen. Denn dann kannst du endlich das tun, was dringend nötig ist: Du kannst ausmisten. Alles, was nicht in dein Zielsystem passt, kommt weg.

Jede überflüssige Aufgabe, die nicht dafür sorgt, dass du deinen Zielen näher kommst, hat auf deiner To-do-Liste ab sofort nichts mehr verloren. Und das hat nichts mit herzloser Rationalisierung zu tun. Es ist nur deine neue Art, Prioritäten zu setzen und damit endlich das Studentenleben zu bekommen, das dir zusteht. Wie du deine Schwerpunkte setzt, ist immer noch deine Sache – Hauptsache du setzt sie.

Wie du deine übriggebliebenen Aufgaben dann koordinieren und schrittweise in Form bringen kannst, sehen wir uns jetzt an.

Das A und O und A

Kurzer Rückblick: Nachdem du zuerst deine Aufgaben und Verpflichtungen aus deinem Kopf ausgelagert und auf einer Liste gesammelt hast, bist du dir in Phase 2 darüber klar geworden, was dir wichtig ist und hast ein eigenes Zielsystem entwickelt. Dadurch bist du jetzt in der Lage, Prioritäten zu setzen und kannst entscheiden, welche Aufgaben du wirklich erledigen möchtest.

Doch deine neue Herangehensweise hat noch zwei große Schwächen: Sie ist erstens undynamisch und zweitens immer noch unordentlich.

Undynamisch, weil deine Liste noch nicht in regelmäßigen Abständen aktualisiert und erneuert wird; und unordentlich, weil die vielen Zusatzinformationen und Materialen, die an deinen Aufgaben hängen, noch keinen Platz gefunden haben. Sie stehen zwar prinzipiell auf deiner Liste, aber die physischen Anhänge – wie Skripte, Mitschriften oder lose Blätter – fliegen immer noch irgendwo auf deinem Schreibtisch herum.

Wenn du einen richtig guten Durchblick beim Studieren bekommen möchtest, brauchst du daher einen kontinuierlichen Prozess, mit dem du deine Aufgaben regelmäßig aufnehmen, ordnen und in einem pragmatischen Ablagesystem verstauen kannst.

Solch einen Prozess kannst du ganz einfach in deinen Tagesablauf einbauen und damit täglich an der Struktur deines Studiums arbeiten.

Die fehlende Dynamik hätten wir damit schon angepackt und dein erstes Problemchen gelöst. Fehlt nur noch der Strukturierungsprozess – und der ist denkbar einfach.

Insgesamt brauchst du nur drei kleine Schritte zu durchlaufen:

- ✔ Aufnehmen
- ✔ Ordnen
- ✔ Ablegen

Einmal täglich nimmst du alle Informationen, Aufgaben und Verpflichtungen auf und verschaffst dir einen Überblick. Als nächstes sortierst du diese Eingänge, vergibst Prioritäten und siebst aus. Danach sammelst du deine wichtigen Aufgaben auf einer To-do-Liste und legst die dazugehörenden Informationen so ab, dass du sie schnell wiederfindest.

Dein Arbeitsablauf sieht dann in etwa so aus:

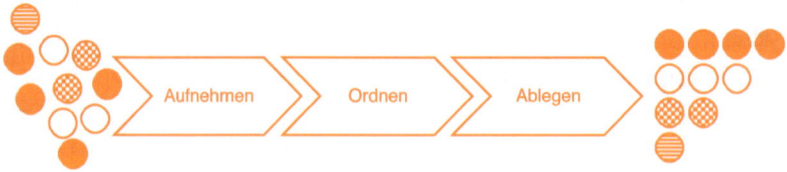

Während du am Anfang noch einen unordentlichen Schwall an Aufgaben vor der Brust hast, steht am Ende des Prozesses eine übersichtliche Zusammenstellung, die du viel leichter durchschauen und abarbeiten kannst. Außerdem schafft dein Ablagesystem Ordnung innerhalb und außerhalb deines Kopfes, was zusätzlich Zeit spart und deine Nerven schont. Die einzelnen Arbeitsschritte gehen wir jetzt zusammen durch.

Aufnehmen

Bei der ersten Station deiner neuen Arbeitsroutine geht es einzig und allein darum, die ankommenden Informationen aufzunehmen und an einem Ort zu sammeln – nicht sortieren oder bewerten, sondern einfach nur sammeln.

Für deine eingehenden Aufgaben und potenziellen To-dos kannst du eine einfache Liste anlegen und dort alle Punkte zusammenführen. Für handfeste Informationen wie Briefe, Ausdrucke, Vorlesungsfolien, Protokolle oder Mitschriften machst du einen eigenen Ablagekasten oder Eingangskorb auf und parkst dort alles, was reinkommt.

Damit befinden sich alle deine eingehenden Informationen an einem Ort und können später von dir weiterverarbeitet werden. Diese klare Trennung zwischen Aufnahme und Bearbeitung deiner Aufgaben ist ein zentrales Grundprinzip deines neuen Selbstmanagements. Damit durchbrichst du alte Denkmuster und befreist dich von dem Zwang, sofort reagieren zu müssen, wenn eine neue Information auf dich zukommt.

Zum Vergleich: deine alte Denkweise war:

„Ich muss mich sofort mit allem beschäftigen, was mir in den Kopf oder auf den Tisch kommt."

Und deine neue Strategie ist:

„Ich sammle erst alle Informationen und Aufgaben an einem Ort und beschäftige mich später damit."

Diese zeitliche Entkopplung von Aufnehmen und Bearbeiten gibt deiner Arbeitsweise eine flexible Struktur und ermöglicht es dir, weniger anfällig für Ablenkungen zu sein. Weil du dich nicht mehr sofort mit jedem möglichen Kram beschäftigen musst, kannst du deine Konzentration viel besser bündeln und dich auf deine aktuelle Aufgabe einlassen.

Ordnen

Nachdem du alle Informationen zusammengetragen hast, bringst du nun Struktur und Ordnung in diesen bunten Haufen. Dazu teilst du die Aufgaben auf deiner Liste und das angesammelte Material zuerst in Oberkategorien ein (Studium, Freizeit, usw.) und verschaffst dir so einen groben Überblick.

Im Anschluss daran erinnerst du dich an deine Ziele: Du streichst unwichtigen Kram raus und vergibst Prioritäten auf deiner Aufgabenliste. Danach verfeinerst du deine Sortierung, definierst Unterkategorien und bringst deinen Input in eine chronologische Reihenfolge.

Dazu ein Beispiel für deinen Materialstapel mit der Oberkategorie „Studium":

Studium

- ✔ Modul X
  - → Vorlesungsfolien Modul X (28.03.)
  - → Übungsmitschrift Modul X (31.03.)
- ✔ Modul Y
  - → ~~Veraltetes Infoschreiben vom Dozenten~~
  - → Seminarunterlagen Modul Y (28.03.)
  - → Vorlesungsfolien Modul Y (30.03.)

Die Aufteilung ist also denkbar einfach und folgt dem simplen Prinzip „Gleiches zu Gleichem – Unwichtiges weg".

Sobald du deinen Eingangsstapel strukturiert und ausgemistet hast, kannst du auf dieser Grundlage neue Aufgaben ableiten und in deine Liste aufnehmen.

Für unser Beispiel könnte das dann so aussehen:

To-do-Liste (Studium)

- ✔ Modul X
    - → Vorlesungsfolien Modul X – durchlesen
    - → Vorlesungsfolien Modul X – zusammenfassen
    - → Übungsmitschrift Modul X – nachvollziehen
- ✔ Modul Y
    - → Seminarunterlagen Modul Y – durchlesen
    - → Seminarunterlagen Modul Y – Fragen klären
    - → Vorlesungsfolien Modul Y – durchlesen
    - → Vorlesungsfolien Modul Y – zusammenfassen

Diese neuen Aufgaben und das geordnete Material werden jetzt allerdings nicht direkt von dir bearbeitet, sondern kommen zuerst in dein neues Archiv.

Ablegen

Deine neue Ablage verfolgt zwei wichtige Ziele: Erstens soll sie dich entlasten, indem sie deine angehäuften Informationen geordnet zwischenspeichert; und zweitens muss sie so gut funktionieren, dass du dein Material sofort wiederfindest, wenn du danach suchst.

Deine Ablage muss keinem perfekten System folgen oder bis ins kleinste Detail aufgeschlüsselt sein.

Sie muss funktionieren – mehr nicht. Du legst deine Informationen also nach dem Motto „ablegen und wiederfinden" ab. Oder genauer: „ablegen und sofort wiederfinden".

Für die Ablage deiner physischen Unterlagen kannst du problemlos auf die klassische Standardlösung zurückgreifen und für jedes Modul einen eigenen Aktenordner anlegen. Innerhalb des Ordners kannst du dann mit Trennblättern oder Post-its für eine Gliederung sorgen. Arbeite auch hier mit deinen Unterkategorien und besorge dir lieber einen Ordner zu viel als zu wenig.

Außerdem ist es hilfreich, wenn du deine Ordner nicht nur von außen beschriftest, sondern auch im Innenteil mit einer kleinen Übersicht für Orientierung sorgst. Erstelle dazu ein einfaches Inhaltsverzeichnis mit allen Kategorien und Dokumentenarten, das du als erste Seite in den Ordner einlegst. Damit sparst du dir später Sucherei und kannst alle Infos auf einen Blick wahrnehmen.

Wenn du die Möglichkeit hast, einen Scanner mit automatischem Einzug zu nutzen, kann es sich lohnen, alle Dokumente zusätzlich elektronisch abzulegen. Dadurch hast du den großen Vorteil, dass du deine Unterlagen viel schneller wiederfindest, wenn du im Dateinamen die richtigen Suchbegriffe hinterlegst.

Außerdem kannst du deine Ablage dann ortsunabhängig einsehen und per Cloud oder mobilem Speicher auf sie zugreifen.

Sobald deine neue Informationsverarbeitung angelaufen ist und dein Ablageprozess steht, werden dich deine Verpflichtungen nie wieder überrennen und dir den Durchblick nehmen.

Ab sofort hast du eine Technik, die dich entlastet und deinen Aufgabenberg strukturiert Schritt für Schritt abträgt.

Doch bevor wir uns jetzt deinen konkreten Herausforderungen widmen können, müssen deine Aufgaben noch organisiert werden.

D wie Durchblicken

👁 Auf einen Blick

- ✔ Wenn du dein Selbstmanagement verbessern möchtest, musst du zuerst deinen Ist-Zustand aufnehmen.
- ✔ Lagere deine Gedanken aus und notiere alle Aufgaben und Verpflichtungen auf einer Liste (GTD-Methode).
- ✔ Ein eigenes Zielsystem gibt dir Orientierung und Halt.
- ✔ Deine Vision ist wie der Polarstern, dein Leitbild wie eine Wegbegrenzung und deine Ziele sind Fixpunkte.
- ✔ Trenne zwischen dem Aufnehmen und Bearbeiten von neuen Aufgaben (A und O und A).

☆ Aufgaben

- ✔ Mach dich obenrum frei und lagere deine Gedanken aus! Nutze dazu die GTD-Methode!
- ✔ Lege dein eigenes Zielsystem fest! Beantworte dazu die Fragen auf den Seiten 29, 31 und 33 und formuliere deine Vision, dein Leitbild und deine Ziele!
- ✔ Bringe Ordnung in deine Ablage! Führe einen „Eingangs-korb" ein und durchlaufe den A-O-A-Prozess!

💡 Lesetipps

- ✔ Wie ich die Dinge geregelt kriege (D. Allen)
- ✔ Ziele: Setzen. Verfolgen. Erreichen. (B. Tracy)
- ✔ Die 4-Stunden-Woche (T. Ferriss)

O wie Organisieren

Bereite dich vor!

Nachdem du dir nun einen richtig guten Durchblick verschafft hast, darfst du eine Sache nicht tun: sofort mit der Bearbeitung deiner Aufgaben loslegen. Du weißt jetzt zwar genau, an welcher Stelle du stehst und wo du später hin möchtest, aber bevor du deine Ziele konsequent angehen kannst, brauchst du noch eine Strategie.

Du musst dich vorbereiten.

Denn wenn du planlos anfängst und dich Hals über Kopf auf dein nächstes Projekt stürzt, wirst du dich verzetteln und schnell in alte, nervige Gewohnheiten zurückfallen. Deswegen musst du deine Aufgaben zuerst organisieren – und das bevor du sie anpackst.

Dazu legst du dir einen Plan zurecht und überlegst dir, wie du deine Herausforderungen am besten aufteilen und in eine sinnvolle Reihenfolge bringen kannst. Danach kannst du dich viel einfacher durcharbeiten und deine Aufgaben Schritt für Schritt erledigen. Dieses zukunftsorientierte Etappendenken wird deinem Selbstmanagement Flügel verleihen und dir eine Menge Druck von den Schultern nehmen.

Dazu kommt: Du überwindest die Neigung zum Aufschieben viel einfacher und erledigst deutlich mehr Aufgaben, wenn du alles, was du dazu benötigst, im Vorfeld besorgst und dir zurechtlegst. Wenn du richtig vorbereitet bist, brauchst du nur noch einen kleinen mentalen Anstoß, um mit den Aufgaben anzufangen, die den höchsten Wert für dich haben.

Für viele Studenten sind eine systematische Vorbereitung der Lerneinheiten und eine pragmatische Studienorganisation immer noch Neuland. Es mag sein, dass diese Arbeitsschritte auf den ersten Blick kleinlich wirken und nach Zeitverschwendung aussehen – dabei sind sie das Gegenteil: Ohne eine kluge Organisation wird sich deine chaotische Arbeitsweise nie ändern.

Wenn du dich nicht vorbereitest, verschenkst du Potenzial. Du wirst dann weiter wie ein Irrer durch die Gegend rennen und immer wieder kleine Feuer löschen, weil du mit deiner To-do-Liste nicht hinterherkommst.

Aber das ändern wir jetzt.

Einfach aufteilen

Die Hauptgründe für Überforderung und fehlende Motivation im Studium sind zu hohe Erwartungen und viel zu komplexe Aufgaben. Denn wenn du deine Ziele zu groß formulierst, kann das abschreckend und demotivierend sein. Du hast dann keine Lust anzufangen, weil du den Wald vor lauter Bäumen nicht mehr siehst. Oder: Du startest zwar, aber verläufst dich und gibst dann gestresst auf.

Eine einfache und wirkungsvolle Möglichkeit, großen Aufgaben ihren Schrecken zu nehmen, ist das Aufteilen. Das folgende Grundprinzip prägt daher deine neue Organisation:

Denke in Schritten!

Drei kleine Worte mit großer Wirkung.

Gewöhne dir an, große Aufgaben nicht mehr als Ganzes zu sehen, sondern denke in kleinen Etappen. Unterteile deine anstehenden Projekte in kleine, durchführbare Einheiten und arbeite dich dann Schritt für Schritt durch. Die Gesamtheit behältst du natürlich im Blick – für die Durchführung spielt sie aber keine Rolle mehr.

Das hat zwei große Vorteile:

Erstens wirst du es einfacher finden, zunächst ein kleines Stück einer großen Aufgabe zu erledigen, als mit der ganzen Arbeit auf einmal anzufangen. Dadurch kommst du langsam in Schwung und wirst dich sehr wahrscheinlich gleich noch mit dem nächsten Schritt befassen, sobald du die erste kleine Hürde übersprungen hast. Dabei kämpfst du dich fast automatisch durch deine ganze Aufgabe – ohne es zu merken.

Zweitens sorgt diese Aufteilung dafür, dass du die Übersicht behältst und zu jedem Zeitpunkt genau weißt, an welcher Stelle deiner Aufgabe du dich befindest. Du kannst dich dann nicht mehr verlaufen oder von unwesentlichem Kleinkram ablenken lassen. Dein Schritte-Plan hält dich in der Spur und zeigt dir, was als nächstes zu tun ist.

Und genau das bringt uns zu der zentralen Frage, die du dir bei der Planung und Aufteilung deiner Aufgabe stellen solltest:

Was ist der nächste Schritt?

Lege deinen Fokus bewusst auf die nächsten, konkreten Maßnahmen, die du durchführen musst, um ans Ziel zu kommen. Frage dich immer, was im nächsten Arbeitsschritt zu tun ist.

Dabei kannst du nach diesem Vier-Schritte-Schema vorgehen:

Schritt 1: Wähle eine Aufgabe!

Womit möchtest du dich beschäftigen?

Schritt 2: Lege ein Ziel fest!

Was möchtest du erreichen?

Schritt 3: Definiere die Grundbestandteile deiner Aufgabe!

Was gehört zu deiner Aufgabe dazu?

Schritt 4: Definiere alle einzelnen Schritte auf diesem Weg!

Welche Arbeitsschritte musst du konkret erledigen?

Es lohnt sich, ein paar Minuten in deine Planung zu investieren und deine Ziele und Schritte schriftlich festzuhalten. Danach kannst du strukturiert loslegen, ohne den Überblick zu verlieren.

Dazu sehen wir uns direkt drei verschiedene Beispiele an:

Beispiel 1 (Vorlesungsfolien zusammenfassen):

✔ Schritt 1: Aufgaben
Ich werde die Vorlesungsfolien S. 1-33 lesen und zusammenfassen.

✔ Schritt 2: Ziel
Meine Zusammenfassung soll alle wichtigen Infos enthalten und mir bei der Prüfungsvorbereitung helfen.

✔ Schritt 3: Grundbestandteile
→ Folien besorgen
→ Folien lesen
→ Folien zusammenfassen
→ Zusammenfassung ablegen

✔ Schritt 4: Einzelne Schritte
→ Folien herunterladen
→ Folien ausdrucken
→ Folien lesen und wichtige Infos unterstreichen
→ Folie für Folie durchgehen und zusammenfassen
→ Farbliche Markierungen setzen
→ Weiterführende Quellen vermerken
→ Offene Fragen notieren
→ Zusammenfassung einscannen
→ Ordner für die Vorlesung anlegen
→ Zusammenfassung ablegen

Beispiel 2 (Prüfungsvorbereitung – Definitionen lernen):

✔ Schritt 1: Aufgabe
Ich werde für meine nächste Prüfung alle Definitionen aus Kapitel 3 lernen.

✔ Schritt 2: Ziel
Die Prüfung soll mindestens mit der Note 1,7 bestanden werden und nach der Lernsession sollen alle Definitionen sitzen.

✔ Schritt 3: Grundbestandteile
→ Definitionen sammeln
→ Definitionen lernen
→ Lernmaterial ablegen

✔ Schritt 4: Einzelne Schritte
→ Alle Vorlesungsunterlagen zusammenstellen
→ Nach Definitionen suchen und herausschreiben
→ Für jede Definition eine Karteikarte erstellen
→ Karten nummerieren
→ Jede Karteikarte zwei Mal durchgehen
→ Zu jeder Definition ein eigenes Beispiel überlegen
→ Nochmal jede Karteikarte durchgehen
→ Offene Fragen notieren
→ Karteikarten ablegen

Beispiel 3 (Studienarbeit schreiben):

✔ Schritt 1: Aufgabe
Ich werde an dem Kapitel „Aktueller Stand der Forschung" aus meiner Studienarbeit weiterschreiben.

✔ Schritt 2: Ziel
Die Deadline soll eingehalten werden und ich möchte möglichst gut abschneiden. Darum möchte ich heute mindestens zehn Seiten schreiben.

✔ <u>Schritt 3: Grundbestandteile</u>
  → Literaturrecherche
  → Quellen bearbeiten
  → Studienarbeit schreiben
  → Dokumente ablegen

✔ <u>Schritt 4: Einzelne Schritte</u>
  → Einfache Google-Recherche
  → Recherche mit GoogleScholar
  → Recherche in der Hochschulbibliothek
  → Recherche in Sekundärquellen
  → Relevante Literaturquellen auf einer Liste sammeln
  → Quellen besorgen (digital oder ausgedruckt)
  → Quellen überfliegen und sortieren
  → Relevante Quellen zusammenfassen
  → Zusammenfassungen in die Studienarbeit einfügen
  → Texte überarbeiten und sprachlich abstimmen
  → Überleitungen im Text bearbeiten
  → Quellenverweise einfügen
  → Literaturverzeichnis einfügen
  → Quellenverweise und korrekte Zitierweise prüfen
  → Korrekturlesen
  → Ordner für die neuen Literaturquellen anlegen
  → Literaturquellen ablegen
  → Studienarbeit speichern

Du kannst deine Aufgaben natürlich in beliebig viele Schritte aufteilen und ganz deinem Arbeitsrhythmus anpassen.

Die Einzelschritte variieren dabei am stärksten und sind zudem noch von jedem Aufgabentyp abhängig.

Trotzdem gilt der allgemeine Grundsatz:

Lieber zu fein als zu grob aufteilen!

Wenn du am Anfang zu große Sprünge machst, bringt dir deine neue Struktur kaum Vorteile und irritiert dich vielmehr. Wenn du hingegen eher zu viele Schritte einplanst, straffst du damit nur deinen Arbeitsrahmen und hast im Zweifel eine zu starre Führung – aber das ist am Anfang nicht so schlimm.

Mit der Zeit bekommst du eine gewisse Routine beim Festlegen der Schritte und kannst dich dann auf deine Erfahrungswerte verlassen. Bis dahin muss sich deine Vorgehensweise noch einpendeln.

Der größte Knackpunkt beim Aufteilen ist Schritt 3: Die Definition der Grundbestandteile. Vielen Neulingen fällt dieser Schritt besonders schwer, weil er abstrakt und willkürlich erscheint. Das ist er aber nicht, denn jede Aufgabe lässt sich in die folgenden drei Grundbestandteile aufteilen:

- ✔ Vorbereitung
- ✔ Durchführung
- ✔ Nachbereitung

Jede Aufgabe, die du im Laufe deines Studiums anpacken wirst, besteht im Großen und Ganzen aus diesen drei Puzzleteilen. Bei jeder neuen Herausforderung, die auf dich zukommt, wirst du diese drei Phasen durchlaufen – auch wenn du in der Regel nur die mittlere (Durchführung) wahrnimmst.

Gewöhnst du dir aber an, deine Projekte direkt nach diesem Muster einzuteilen, kannst du gezielter vorgehen und deine Arbeit schneller beenden.

Bezogen auf Beispiel 2 (Prüfungsvorbereitung – Definitionen lernen) sind das deine drei Puzzleteile:

- ✔ Vorbereitung – Definitionen sammeln
- ✔ Durchführung – Definitionen lernen
- ✔ Nachbereitung – Lernmaterial ablegen

In besonderen Fällen können einzelne Grundbestandteile auch feiner aufgegliedert werden, wenn dadurch die Struktur der Aufgabe klarer wird oder es thematisch sinnvoll ist. In etwa so, wie in Beispiel 1 von oben (Vorlesungsfolien zusammenfassen):

- ✔ Vorbereitung – Folien besorgen
- ✔ Durchführung (I) – Folien lesen
- ✔ Durchführung (II) – Folien zusammenfassen
- ✔ Nachbereitung – Zusammenfassung ablegen

…und in Beispiel 3 (Studienarbeit schreiben):

- ✔ Vorbereitung – Literaturrecherche
- ✔ Durchführung (I) – Quellen bearbeiten
- ✔ Durchführung (II) – Studienarbeit schreiben
- ✔ Nachbereitung – Dokumente ablegen

Mit diesen drei Kategorien kannst du jede Aufgabe strukturieren und dir das Aufteilen leicht machen. Die Nachbereitung ist dabei der einfachste Schritt und umfasst hauptsächlich das Ordnen und Ablegen deiner Ergebnisse.

Dazu kannst du wieder den A-O-A-Prozess aus dem ersten Kapitel einsetzen.

Die Durchführung ist der anspruchsvollste und anstrengendste Teil deiner Aufgaben. Deswegen bekommt dieser Schritt einen eigenen Abschnitt innerhalb der DOEDL-Methode (das zweite D steht für Durchführen) und wird später ausführlicher unter die Lupe genommen.

Die Vorbereitung ist üblicherweise der Schritt mit dem meisten ungenutzten Potenzial. Warum? Erstens, weil viele Studenten ihre Aufgaben einfach beginnen und komplett auf eine Vorbereitung verzichten. Und zweitens, weil eine kluge Vorbereitung die spätere Durchführung erheblich erleichtern kann. Wenn du vor dem Losarbeiten ein paar Minuten in die Organisation und Planung deiner Aufgaben steckst, wird sich das doppelt und dreifach für dich auszahlen.

Dazu brauchst du dich nur an die drei Säulen der Vorbereitung zu halten.

Vorbereitung hoch drei

Für deine Produktivität ist eine kurze strategische Vorbereitung Gold wert. Wenn du dir vor jedem neuen Projekt überlegst, wie du deine Arbeitsschritte durchführen möchtest und daraus vorbereitende Maßnahmen ableitest, wirst du auf Knopfdruck vielmehr schaffen als zuvor und gleichzeitig bessere Ergebnisse erzielen.

Wenn deine Aufgaben vorbereitet sind, kannst du dich einfach an die Arbeit machen – du brauchst sie nicht immer wieder neu zu durchdenken oder nach fehlenden Infos und Arbeitsmaterial zu suchen. Du behältst den Überblick und kannst dich mit dem Wesentlichen befassen. Und das macht dich fokussiert, minimiert dein Stresslevel und gibt dir mehr Durchhaltevermögen.

Doch eine gute Vorbereitung ist mehr, als sich die Lieblingsjogginghose anzuziehen und etwas zum Schreiben rauszulegen: Deine Vorbereitung muss ganzheitlich sein und sollte dich komplett auf deine bevorstehende Aufgabe einstimmen. Sie muss dich abholen und dafür sorgen, dass du in eine produktive Verfassung und in einen konzentrierten Zustand kommst.

Dazu sollte deine Vorbereitung aus den folgenden drei Bereichen bestehen:

- ✔ Inhaltliche Vorbereitung
- ✔ Praktische Vorbereitung
- ✔ Mentale Vorbereitung

So individuell deine Arbeitsweise auch sein mag: Diese drei Bestandteile dürfen bei einer guten Vorbereitung nicht fehlen.

Sie geben dir Halt und bilden das Fundament deiner neuen Organisation. Es sind die drei Säulen der Vorbereitung:

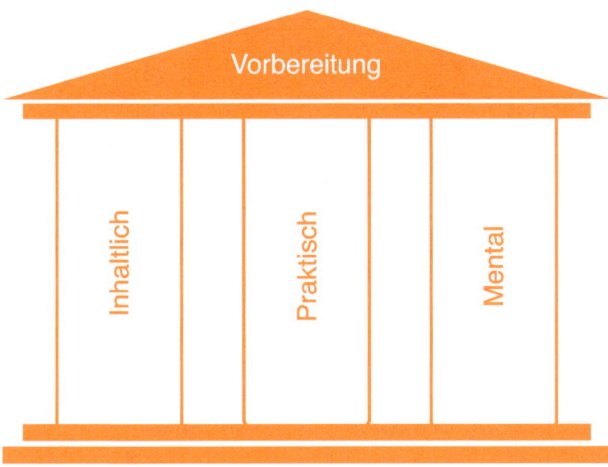

Die inhaltliche Vorbereitung hat den Zweck, dich für deine bevorstehende Aufgabe thematisch fit zu machen. Denn bevor du dich intensiv ans Werk machst, musst du dich schon grob mit dem Thema auskennen und über ein solides Grundwissen verfügen.

Bei der praktischen Vorbereitung geht es um die richtige Bereitstellung deiner Arbeits- und Lernmaterialien. Nur wenn deine Arbeitsbedingungen und die äußeren Einflüsse geregelt sind, kannst du dich voll und ganz auf deine Aufgabe konzentrieren.

Mit der mentalen Vorbereitung schließt du dein Warm-up-Programm fürs Durchführen ab: Du setzt dich psychologisch mit deiner Aufgabe auseinander und arbeitest an deinem Mindset. Dein Erfolg im Studium beginnt nämlich im Kopf und deshalb lohnt es sich, schon vorher darüber nachzudenken. Die einzelnen Säulen sehen wir uns jetzt etwas genauer an.

Inhaltliche Vorbereitung

Die inhaltliche Auseinandersetzung mit deiner Aufgabe, bevor du überhaupt mit der Bearbeitung anfängst, sorgt dafür, dass du viel schneller einen Zugang findest und sofort in die Vollen gehen kannst. Du musst dich dann nicht mehr einarbeiten, sondern weißt direkt, worum es geht und worauf du achten musst.

Dazu gehört, dass du im Vorfeld ein wenig recherchierst, Material sammelst und dir einen Überblick über das Thema verschaffst. Bringe dir einfach ein solides, kleines Grundwissen bei, damit du nicht bei null anfangen musst.

Beispiele:

- ✔ Kurze Google-Recherche durchführen
- ✔ Grundbegriffe bei Wikipedia oder in Fachlexika nachschlagen
- ✔ Erklärvideos ansehen
- ✔ Kommilitonen oder Lernpartner befragen

Besonders dann, wenn du die Bearbeitung einer größeren Aufgabe wiederaufnimmst, mit der du schon angefangen hast, ist eine thematische Vorbereitung sinnvoll, um dich auf den aktuellen Stand zu bringen. Auf diese Weise kannst du dann reibungslos da weitermachen, wo du aufgehört hast.

Praktische Vorbereitung

Zur praktischen Vorbereitung gehört, dass du deine Rahmenbedingungen kontrollierst und dir eine Arbeitsatmosphäre schaffst, in der du produktiv studieren kannst.

Es gibt nichts Schlimmeres, als gerade beim Lernen Fahrt aufzunehmen und dann durch organisatorische Fehler ausgebremst
zu werden.

Damit du dir in solchen Situationen nicht selbst im Weg stehst,
solltest du während deiner Vorbereitung darauf achten, dass
dein Arbeitsplatz keine Baustelle ist und alles, was du zum Lernen brauchst, bereitliegt.

Beispiele:

- ✔ Schreibtisch aufräumen
- ✔ Computer einschalten
- ✔ Blöcke und Stifte kaufen
- ✔ Bücher ausleihen
- ✔ Lernmaterial zusammentragen
- ✔ Software besorgen

Fang am besten damit an, deinen Schreibtisch aufzuräumen, so
dass nur noch deine aktuell wichtigste Aufgabe vor dir liegt. Besorge dir dann alle Informationen, Berichte, Papiere und Arbeits-
materialien, die du brauchst, um die Aufgabe abzuschließen.
Lege dir alles griffbereit hin, damit du es zur Hand hast, ohne
aufstehen zu müssen.

Außerdem sollte dein Arbeitsbereich aufgeräumt sein und einla-
dend wirken. Auch wenn nur ein echtes Genie das Chaos durch-
blickt: Um ein Genie zu werden, brauchst du erst mal klare Gedanken – und die entstehen eben nicht auf einem zugemüllten
Schreibtisch, sondern in einer ordentlichen Umgebung.

Mentale Vorbereitung

Deine mentale Vorbereitung kann darüber entscheiden, ob du deine Lernsession motiviert beginnst und effektiv durchziehst, oder schon nach wenigen Minuten genervt das Handtuch wirfst. Deine innere Einstellung hat großen Einfluss darauf, wie du deine Aufgaben angehen und abschließen wirst – und deswegen ist eine mentale Vorbereitung so wichtig.

Wenn du dich positiv einstimmst und mit einem optimistischen Mindset an die Arbeit gehst, kannst du mehr erreichen und wirst dich außerdem noch besser dabei fühlen, während du es erreichst.

Beispiele:

- ✔ Denke an deine Ziele
- ✔ Stell dir vor, wie stolz du am Ende auf dich sein wirst
- ✔ Nimm dir fest vor, erst dann aufzuhören, wenn du fertig bist
- ✔ Konzentriere dich auf deine Stärken und rede dir nicht ein, dass du irgendwas nicht kannst
- ✔ Sprich dir Mut zu und denke an die Dinge, die du schon geschafft hast
- ✔ Finde Gründe, warum deine Aufgabe Spaß macht und warum es sich für dich lohnt, dranzubleiben

Sobald du es schaffst, den Schalter in deinem Kopf umzulegen, ist der Rest nur noch Formsache. Mit der richtigen Einstellung und einer entschlossenen Herangehensweise wird deine Arbeit garantiert zum Erfolg.

Inhaltlich, praktisch, mental: Die Reihenfolge der Vorbereitungsschritte ist egal – du kannst sie dir aussuchen und so anpassen, wie es für dich am besten funktioniert. Oft bietet es sich aber an, mit der praktischen Vorbereitung zu beginnen, weil dann als erstes alle physischen Schritte abgeschlossen sind und du dich komplett auf deine Arbeit konzentrieren kannst.

Vermutlich wirst du einige dieser vorbereitenden Maßnahmen schon umsetzen – nur nicht bewusst, sondern ganz automatisch. Wenn es dir jetzt noch zusätzlich gelingt, diese Vorbereitungsroutine in deine To-do-Liste aufzunehmen, wird sich deine Organisation schlagartig verbessern.

Apropos To-do-Liste...

Fünf Listen zum Glück

Dein neues Selbstmanagement nimmt langsam Formen an. Doch wenn du den nächsten großen Schritt machen und dein Studium endlich besser unter Kontrolle bekommen möchtest, müssen wir an deine Schaltzentrale ran: deine To-do-Liste.

Keine Sorge, du darfst deine Liste behalten – wir passen sie nur etwas an und erweitern sie. Um genau zu sein, bekommst du direkt ein ganz neues Listensystem an die Hand, mit dem es dir gelingen wird, deinen Aufgabenfluss ganz locker zu managen.

Alles, was du dafür brauchst, sind 4+1 kleine Listen:

- ✔ Eingangsliste
- ✔ Projektliste
- ✔ Aufgabenliste
- ✔ To-do-Liste
- ✔ Not-to-do-Liste

Auf deiner Eingangsliste sammelst du alle eingehenden Informationen. Die einzelnen Punkte musst du nicht einmal ordnen oder bewerten; du sammelst einfach, was im Laufe des Tages auf dich einprasselt und schreibst alles (inklusive wiederkehrender Gedanken oder spontaner Einfälle) auf.

In regelmäßigen Abständen (ein bis zwei Mal am Tag) gehst du diese Liste durch und überlegst, welche Punkte du aktiv angehen möchtest. Wann ist zunächst einmal egal – aber sobald ein Eintrag auf deiner Eingangsliste später von dir verfolgt werden soll, wird daraus ein Projekt und landet auf deiner Projektliste.

Das können Wünsche, Ideen, Termine, aktuelle Herausforderungen oder Aufgaben für die Zukunft sein. Deine Projektliste wird damit zum Sammelbecken deiner Vorhaben.

Sobald du eines dieser Vorhaben angehen möchtest und dir schon konkret überlegt hast, welche Schritte dafür nötig sind, wird das Projekt auf deine Aufgabenliste verschoben. Deine Aufgabenliste zeigt dir, welche Dinge du in naher Zukunft erledigen musst. Deine Projekte mit den höchsten Prioritäten gehören hier drauf – entweder weil sie wichtig oder dringend sind.

Die einzelnen Schritte, die zur Durchführung deiner Aufgaben gehören, landen dann auf deiner To-do-Liste. Damit stehen auf dieser Liste nur noch konkrete Handlungsschritte (To-dos) und keine verwirrenden Zusatzinfos mehr, die dort ohnehin nichts zu suchen haben.

Insgesamt sieht dein Arbeitsablauf mit dem neuen Listensystem dann so aus:

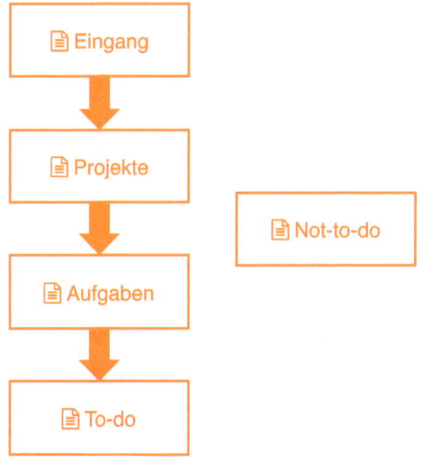

Ein bisschen im Abseits steht Liste Nummer 5: Deine Not-to-do-Liste. Mit der Organisation deines Studiums hat diese Liste nicht direkt etwas zu tun, weil sie nichts zur Struktur beiträgt. Dennoch kann sie wichtig für dich werden, weil du auf ihr deine schlechten und nervigen Angewohnheiten sammelst.

Dein Ziel ist es, alles, was auf deiner Not-to-do-Liste steht, *nicht* mehr zu tun. Durch das Sammeln schlechter Gewohnheiten rückst du die Handlungen, die dich blockieren, bewusst in den Fokus und bemerkst so schneller, wenn du rückfällig wirst.

Zum Schluss noch ein kleines Beispiel zur praktischen Anwendung der fünf neuen Listen.

Eingangsliste

Nach einem ganz normalen Unitag könnte deine Eingangsliste so aussehen:

- ✔ Vorlesungsfolien Modul X
- ✔ Mitschrift Modul Y
- ✔ Post vom Vermieter
- ✔ Einladung zu Bens Geburtstag
- ✔ Fachartikel fürs Seminar Z (aus der Bibliothek)
- ✔ Werbeflyer des örtlichen Hundefriseurs

Alle Einflüsse und neuen Informationen, die dich an diesem Tag beschäftigt haben, werden ganz einfach, ohne Reihenfolge auf einer Liste festgehalten.

Projektliste

Bis auf den letzten Punkt (Werbeflyer des örtlichen Hundefriseurs) sehen alle Punkte wichtig aus und werden weiterverfolgt.

Damit ergibt sich folgende Projektliste:

- ✔ Modul X (Vorlesungsfolien)
- ✔ Modul Y (Mitschrift)
- ✔ Post vom Vermieter
- ✔ Bens Geburtstag
- ✔ Seminar Z (Fachartikel)

Die Projektnamen kannst du leicht umschreiben, damit auf einen Blick klar ist, worum es geht.

Aufgabenliste

Die Vorlesungsfolien und die Mitschrift können erstmal warten. Die verbleibenden drei Punkte sind wichtiger und kommen auf die Aufgabenliste:

- ✔ Post vom Vermieter lesen
- ✔ Geschenk für Bens Geburtstag kaufen
- ✔ Fachartikel für Seminar Z durcharbeiten

Aus den Projektnamen kannst du direkt Aufgabenstellungen ableiten. Dadurch schaffst du eine gewisse Verbindlichkeit und legst den Aufgabenrahmen eindeutig fest.

To-do-Liste

Deine Aufgaben teilst du dann auf und leitest konkrete Schritte ab. Diese kommen anschließend auf deine To-do-Liste:

✔ <u>Post vom Vermieter lesen</u>
- → Brief lesen
- → Antwort schreiben oder Info zur Kenntnis nehmen
- → Brief ablegen

✔ <u>Geschenk für Bens Geburtstag kaufen</u>
- → Recherchieren und Ideen suchen
- → Mit Freunden abstimmen
- → Geschenk kaufen
- → Geburtstagskarte schreiben
- → Rechnung ablegen

✔ <u>Fachartikel für Seminar Z durcharbeiten</u>
- → Fachartikel kopieren oder einscannen
- → Fachartikel lesen
- → Fachartikel zusammenfassen
- → Kopie und Zusammenfassung ablegen
- → Fachartikel zur Bibliothek zurückbringen

Deine Aufgaben teilst du erst wieder grob in die Schritte Vorbereitung, Durchführung und Nachbereitung ein und bestimmst die einzelnen Schritte.

Nachdem alle Aktionen auf deiner To-do-Liste stehen, ist deine Organisation fast abgeschlossen. Du musst jetzt nur noch deine Listen rückwärts aktualisieren und die verarbeiteten Aufgaben und Projekte streichen. Sonst doppeln sich deine Einträge und deine Listen werden unübersichtlich.

Not-to-do-Liste

Deine Not-to-do-Liste hat nicht direkt etwas mit deiner Eingangsliste zu tun und soll dich nur davon abhalten, unproduktiven Quatsch zu machen. Dadurch hältst du dir den Rücken frei,
wenn du konzentriert für dein Studium arbeiten möchtest und
wirst nicht von alten Gewohnheiten gestört.

Das könnten zum Beispiel drei Not-to-dos sein:

- Alle fünf Minuten aufs Smartphone schauen
- Jede Stunde E-Mails checken
- Zu perfektionistisch arbeiten

Überfrachte deine Liste nicht, sondern konzentriere dich auf maximal drei schlechte Angewohnheiten, die du vermeiden möchtest. Im Wochenrhythmus kannst du deine Not-to-dos dann aus-
wechseln und dir drei neue „Baustellen" vornehmen.

Die Umsetzung deiner fünf Listen kannst du entweder klas-
sisch auf Papier durchziehen oder digitale Lösungen dafür nutzen. Letztere haben den Vorteil, dass du deine Punkte leichter
verschieben kannst und nicht direkt eine neue Liste aufsetzen
musst. Am Ende ist es aber Geschmackssache.

Folgende Software-Tools und Apps können dir bei der Organisation deiner Listen helfen:

- Trello
- Asana
- Evernote
- Todoist

O wie Organisieren

👁 Auf einen Blick

- ✔ Mit einer klugen Organisation kannst du schneller und besser studieren; außerdem sparst du Zeit und Nerven.

- ✔ Teile deine Aufgaben auf und denke in Schritten (Frage dich immer: Was ist der nächste Schritt?).

- ✔ Die Grundbestandteile beim Aufteilen sind immer gleich.

- ✔ Bereite dich vor und beschäftige dich inhaltlich, praktisch und mental mit deinen Aufgaben (die drei Säulen).

- ✔ Mit dem Listensystem Eingangsliste, Projektliste, Aufgabenliste, To-do-Liste und Not-to-do-Liste kannst du deinen Arbeitsfluss schnell und einfach managen.

☆ Aufgaben

- ✔ Lege die fünf Listen an und trage deine heutigen Eingänge ein! Lege mindestens zehn Projekte und drei Aufgaben fest!

- ✔ Zerteile deine Aufgaben und bestimme jeden einzelnen Arbeitsschritt!

- ✔ Durchlaufe jetzt direkt den kompletten Vorbereitungsprozess einer Aufgabe und beachte alle drei Säulen!

💡 Lesetipps

- ✔ 24/7-Zeitmanagement (T. Reichel)

- ✔ Eat that frog (B. Tracy et al.)

- ✔ Das Hindernis ist der Weg (R. Holiday)

E wie Einteilen

Bestimme deinen Rhythmus!

Mit der Einführung deines neuen Listensystems ist die Vorbereitung abgeschlossen und deine Organisation steht. Bevor du dich jetzt aber auf deine To-dos stürzt, werfen wir noch einen Blick in deinen Terminkalender. Du brauchst nämlich noch einen Zeitplan, um deine Sammlung von Projekten und Aufgaben langfristig zu bewältigen. Andernfalls bekommst du früher oder später Probleme.

Bei vielen Studenten besteht das Studium aus einzelnen Hauruck-Aktionen: Am Anfang des Semesters sind sie super motiviert, setzen sich täglich an den Schreibtisch und gehen zu jeder Vorlesung. Dann nimmt die Zielstrebigkeit ab und das Studieren verläuft sich ein wenig. Am Ende – kurz vor den Prüfungen – gibt es dann nochmal einen Schlussspurt, damit jedes Modul so gut es geht bestanden wird.

Das Problem dabei: Daraus wird nichts!

Dein Studium ist kein Sprint. Dein Studium ist ein Marathon. Und einen erfolgreichen Marathon schüttelst du nicht einfach so aus dem Ärmel; einen Marathon gewinnst du mit vielen kleinen, kontinuierlichen Schritten. Kleine Aktionen, die zusammen eine mächtige Wirkung entfalten und besser funktionieren als jeder Zwischensprint.

Damit du beim Studieren auch wirklich am Ball bleibst und dir mittendrin nicht einfach die Puste ausgeht, brauchst du einen Plan. Du musst deinen Rhythmus finden und deine einzelnen Schritte in eine sinnvolle Reihenfolge bringen.

Deswegen ist es so wichtig, dass wir kurz über dein Zeitmanagement nachdenken und uns ansehen, wie du deine Aufgaben am besten einteilen kannst.

Dazu finden wir zuerst heraus, zu welchen Zeiten du am produktivsten bist und wann man dich besser nicht auf dein Studium ansprechen sollte. Daraus leiten wir deinen Tagesplan ab und statten deine Aufgaben danach mit Deadlines aus. Dieses Vorgehen setzt dich auf der einen Seite zwar etwas unter Druck, auf der anderen Seite studierst du so aber effektiver und kommst schneller ans Ziel.

Zum Abschluss lernst du noch, wie du mit einem einfachen Mittel jeden Tag ein kleines bisschen für dein Studium tun kannst – ohne verrückt zu werden oder auszubrennen.

Dieses Zeitmanagement ist deine Fahrkarte in ein entspanntes und erfolgreiches Studium. Wenn du deine Zeit klug einteilst und vorausschauend planst, hast du sofort mehr Freizeit und kannst deine Arbeit so gestalten, wie du magst.

Und das alles mit ein paar kleinen Tricks, die du ganz einfach in deinen Alltag integrieren kannst.

Hübsche Kurven

24/7 – wenn es darauf ankommt, arbeiten Studenten den kompletten Tag durch: kurz vor der Prüfung, in der Nacht vor dem Vortrag, am Abgabetag der Abschlussarbeit.

Diese kurzen Intervalle beim Studieren mit hoher Intensität sind tolle Notfalllösungen und tragen oft dazu bei, dass du in letzter Sekunde doch noch das Ruder herumreißen und in Richtung Erfolg segeln kannst. Langfristig bringt dich diese Strategie allerdings nicht weiter. Und was noch viel schlimmer ist: Sie ist riskant. Irgendwann wird eine deiner Kurz-vor-knapp-Aktionen nicht aufgehen, weil du dich verschätzt hast und dann vor einem Scherbenhaufen stehst.

Hinzu kommt, dass dieses Durchmalochen ganz schön anstrengend ist und du völlig erschöpft bist, sobald du dein Ziel erreicht hast. Einfacher wäre es, einen kontinuierlichen Arbeitsfluss zu finden, der sich ganz natürlich an deine Fähigkeiten anpasst, dich nicht überfordert und mit dessen Hilfe du Schritt für Schritt deine Aufgaben erledigen kannst.

Gute Nachrichten: So etwas gibt es wirklich – und einfach anzuwenden ist es auch noch. Du musst dich nur an deiner Leistungskurve orientieren und deine Arbeitseinheiten entsprechend ausrichten.

Deine Leistungsfähigkeit ist über den Tag verteilt nicht auf einem konstanten Niveau; sie schwankt und richtet sich nach deinem Biorhythmus. Das heißt für dich: Es gibt Tagesphasen, in denen du superproduktiv bist und eine Aufgabe nach der anderen erledigst.

Es gibt aber auch Zeiten, in denen du gar nichts gebacken bekommst und Studieren das Letzte wäre, was du tun solltest.

Diese Schwankungen spiegeln sich in deiner Leistungskurve wider. In allgemeiner Form sieht das dann so aus:

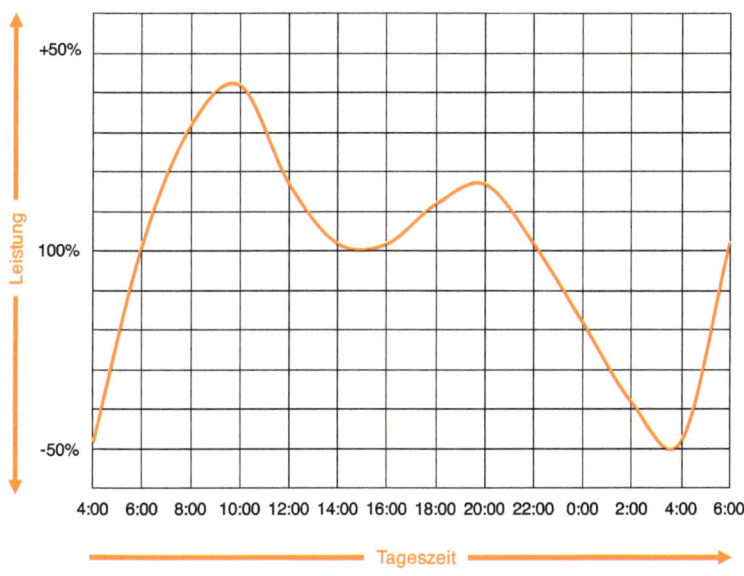

Diese Kurve zeigt dir, zu welcher Tageszeit sich deine Leistungsfähigkeit über oder unter deinem Grundniveau von 100 Prozent befindet. Damit kannst du direkte Rückschlüsse auf deine Konzentration und Motivation ziehen und besser abschätzen, wann du dich überhaupt erst zum Lernen an den Schreibtisch setzen solltest.

Die charakteristischen Schwankungen aus diesem Beispiel bilden die Leistungskurve eines sogenannten Morgenmenschens ab: Ab 6:00 Uhr steigt die Leistungsfähigkeit an und erreicht ein erstes Hoch gegen 10:00 Uhr. Danach fällt die Kurve ab und leitet gegen 14:00 Uhr das Mittagstief ein. Abends – gegen 20:00 Uhr – entsteht noch ein zweites Hoch, bevor es dann Richtung Bett und (Tief-)Schlafphase geht.

Insgesamt gibt es also zwei dominante Hochs und Tiefs in deinem Tagesablauf:

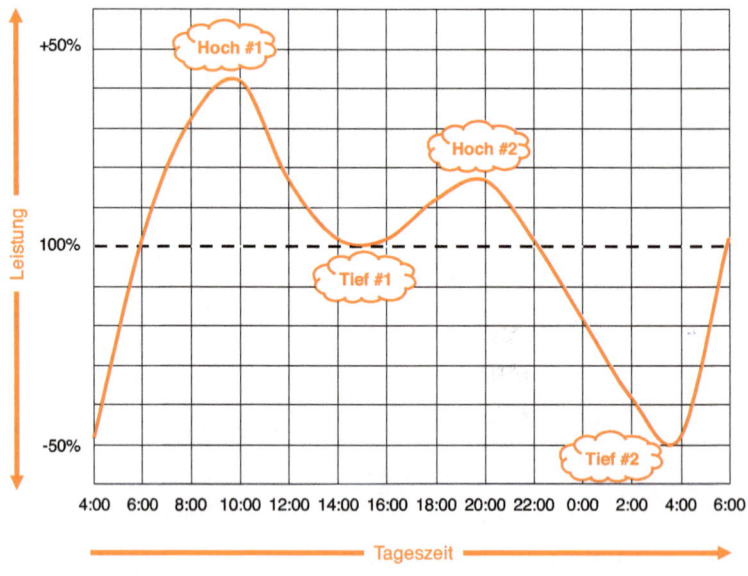

So weit, so gut. Aber: Jeder Mensch hat einen individuellen Biorhythmus und seine eigene, persönliche Leistungskurve. Vorgefertigte Konzepte wie das Beispiel von oben kannst du leider nicht eins zu eins übernehmen – du brauchst etwas Eigenes.

Du musst deine eigene Leistungskurve finden und wissen, wann deine Hoch- und Tiefphasen sind. Erst dann kannst du deine

Aufgaben sinnvoll über den Tag verteilen und deine Zeit produktiv nutzen:

Wenn du beim Zeitmanagement deinen Biorhythmus berücksichtigst, arbeitest du effizienter und motivierter!

Dazu musst du deine Leistungsfähigkeit im Laufe des Tages bewusst beobachten und festhalten, wann du dich in welchem Zustand befindest – mindestens ein bis zwei Wochen lang.

Dazu kannst du das Gitternetz aus dem Diagramm als Vorlage benutzen und für jede Uhrzeit den Eindruck zu deiner Leistungsfähigkeit notieren. Durch dieses Protokollieren zeichnet sich nach kurzer Zeit ein grobes Profil deiner persönlichen Leistungskurve.

Diese Fragen helfen dir zusätzlich dabei, deine Leistungskurve genauer zu definieren:

- Zu welcher Zeit kannst du dich besonders gut konzentrieren?
- Wann fällt es dir leicht, mit der Arbeit anzufangen?
- Wann bist du besonders produktiv?
- In welchen Phasen am Tag läuft bei dir gar nichts?
- Wann bist du häufig abgelenkt und unaufmerksam?

Manchmal reicht es aber auch schon, wenn du dir ein paar grundlegende Gedanken zu deiner Arbeitsweise und deiner Tagesform machst. Wenn du zum Beispiel nicht zur Morgenmenschfraktion gehörst, ist deine Leistungskurve automatisch horizontal verschoben – und mit ihr deine Hochs und Tiefs.

Deine erste produktive Phase beginnt dann nicht morgens um 6:00 Uhr, sondern am späten Vormittag:

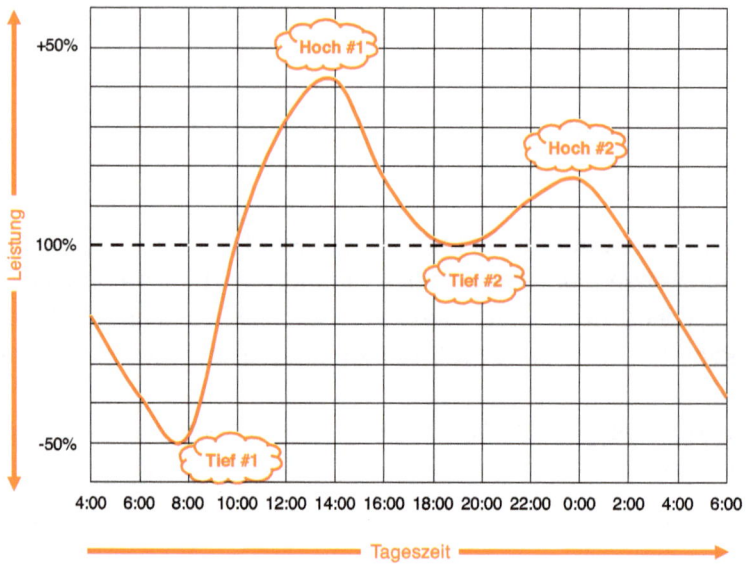

Neben diesem Exemplar gibt es noch unzählige weitere Variationen deiner Leistungskurve: Sie kann noch weiter nach rechts verschoben sein und selbstverständlich auch mehr oder weniger als zwei Hochs und Tiefs besitzen. Die Schwankungen können außerdem auch stärker oder schwächer ausfallen. Es gibt unendlich viele Möglichkeiten.

Keine Leistungskurve ist an sich gut oder schlecht – keine Version ist besser als eine andere. Sie sind einfach verschieden. Wichtig ist nur, dass du deine Leistungskurve kennst und deine Hochs und Tiefs klug nutzt.

Dabei legst du anspruchsvolle Aufgaben in deine Hochphasen und arbeitest dann an wichtigen Projekten, wenn deine Leistungsfähigkeit am stärksten ausgeprägt ist.

Dazu gehören Aufgaben wie:

- ✔ Ein Fachbuch lesen
- ✔ Vorlesungsfolien zusammenfassen
- ✔ Übungsaufgaben durcharbeiten
- ✔ An deiner Studienarbeit schreiben
- ✔ Wichtige Definitionen auswendig lernen

Wenn du dich in einem Leistungstief befindest, solltest du nicht gegen deinen biologischen Rhythmus ankämpfen, sondern versuchen zu entspannen und diese Phase für Routineaufgaben und soziale Kontakte zu nutzen.

Dazu gehören eher solche Aufgaben:

- ✔ Unterlagen sortieren und ablegen
- ✔ Studienorganisation
- ✔ Austausch mit Kommilitonen
- ✔ Einkaufen und Besorgungsfahrten
- ✔ Ausruhen und Pause machen

Sobald du deinen Tagesrhythmus kennst und dir deine Aufgaben entsprechend einteilst, studierst du nicht nur individueller, sondern auch erfolgreicher. Du bindest deine Stärken und Schwächen klug ein und reduzierst damit deinen Widerstand. Jetzt müssen wir nur noch an deiner Termintreue arbeiten.

Ein bisschen Verbindlichkeit

Bis jetzt stehen eine ganze Reihe Aufgaben und To-dos auf deiner Liste, doch so richtig konkret sieht dein Plan noch nicht aus. Und rate mal warum? Weil der zeitliche Rahmen fehlt: Du weißt zwar, was zu erledigen ist – aber nicht wann.

Nachdem du zuerst deine Leistungskurve untersucht hast und nun die Phasen kennst, in denen du besonders produktiv bist, gehen wir einen Schritt weiter und sehen uns deine konkreten Aufgaben an. Den kleinen Biestern fehlt nämlich noch etwas: eine verbindliche Deadline.

Diesen Deadlines läufst du im Studium an jeder Ecke über den Weg: Klausurtermine, Abgabefristen für die Studienarbeit oder Tage, an denen Projektberichte fällig werden. Deadlines kennt jeder – und fast jeder findet sie nervig. Dabei sind sie an sich etwas Gutes und können dir dabei helfen, fokussiert und produktiv zu studieren. Du musst sie nur richtig einsetzen.

Deadlines bauen Druck auf und zwingen dich dazu, eine Aufgabe innerhalb einer bestimmten Frist fertigzustellen. In diesem Fall darfst du den Druck aber nicht negativ werten; du solltest ihn lieber als hilfreiche Unterstützung sehen. Wenn du dir selbst eine Frist setzt, zwingst du dich damit zum produktiven Arbeiten und musst dich aufs Wesentliche konzentrieren.

Für Kleinkram und Abschweifungen hast du dann keine Zeit mehr, weil dir die Deadline im Nacken sitzt. Du wirst dazu gezwungen, die wichtigen Dinge zu erledigen und alles Nebensächliche wegzulassen. Deswegen sind Deadlines so nützlich; unbequem und nervig, aber nützlich.

Dazu ein Beispiel: Wenn dir eine Nacht Zeit bleibt, um dich auf eine Prüfung vorzubereiten, bist du unter diesem Zeitdruck gezwungen, dich auf das absolut Notwendigste zu konzentrieren. Am nächsten Tag ist Prüfung – du musst liefern!

Wenn du eine Woche Zeit hast, wirst du die ersten Tage mit unproduktivem Kram vertrödeln, dich mit vielen Kleinigkeiten aufhalten und zum Ende hin immer fokussierter lernen. Wenn du aber einen Monat lang Zeit hast, verzettelst du dich komplett, arbeitest viel zu perfektionistisch und kannst eine effiziente Prüfungsvorbereitung vergessen.

Der britische Soziologe Cyril Parkinson hat diesen Umgang mit der Zeit untersucht und die später nach ihm benannte Regel – das Parkinson'sche Gesetz – daraus abgeleitet:

Eine Aufgabe dehnt sich in genau dem Maß aus, wie Zeit für ihre Erledigung zur Verfügung steht.

Aufgaben ohne genaue Terminierung sind unendlich dehnbar und nehmen riesige Zeitfenster ein. Produktives Arbeiten ist fast nicht möglich, weil wir Menschen wahre Meister darin sind, uns selbst zu sabotieren und nach Ablenkung zu suchen.

Mit einer Deadline passiert das aber nicht, denn eine verbindliche Frist schärft unseren Fokus und schützt uns vor Prokrastination.

Eine bevorstehende Deadline hat aber nicht nur großen Einfluss darauf, wie lange wir brauchen, um eine Aufgabe zu erledigen, sie bestimmt auch, wann der größte Fortschritt zur Fertigstellung erreicht wird.

Und genau das ist der Kern der Edwards-Regel. Sie lautet:

> Der investierte Aufwand in die Erledigung einer Aufgabe steigt umgekehrt proportional zur verbleibenden Zeit.

Oder auf Deutsch:

> Je weniger Zeit du für eine Aufgabe hast, umso mehr legst du dich ins Zeug. Wenn dir aber noch viel Zeit bis zur Deadline bleibt, wirst du nur mit minimalem Einsatz an deiner Aufgabe arbeiten.

Und als Grafik:

Wenn dir dieses Verhalten bekannt vorkommt und du dich darin wiedererkennst: Willkommen im Club! Fast alle Menschen folgen der Edwards-Regel, wenn sie keine bewussten Maßnahmen ergreifen, um von Anfang an produktiv an einer Aufgabe zu arbeiten.

Immer, wenn sich eine Deadline weit in der Zukunft befindet und du keinen Druck verspürst, wirkt das wie eine Einladung zum Nichtstun. Denn noch ist deine Situation komfortabel und es gibt keinen Anlass, aktiv zu werden. Erst wenn einige Zeit verstrichen ist, beginnst du langsam mit den Vorbereitungen und startest gemächlich mit deiner Aufgabe. Sobald deine Deadline aber in greifbare Nähe rückt und der Druck zunimmt, krempelst du die Ärmel hoch und wirst produktiv.

Je näher die Deadline rückt, desto größer werden deine Entschlossenheit und dein Einsatz.

Nach der ganzen Theorie kommt jetzt aber die gute Nachricht: Du bist nicht auf fremde Deadlines (wie zum Beispiel Prüfungstermine usw.) angewiesen, sondern kannst dir eigene kleine Fristen setzen und dadurch dein Zeitmanagement selbstbestimmt organisieren.

Das geht so:

1. Weise jeder Aufgabe eine strenge Deadline zu!
2. Sorge dafür, dass du dich wirklich an deine Frist hältst!

Achte darauf, dass deine Deadline zeitnah und verbindlich ist. Deadlines, die erst in mehreren Wochen oder Monaten relevant werden, bringen dich nicht weiter. Solche Termine bauen nur mentalen Druck auf und verleiten dich dazu, ineffizient zu arbeiten.

Genauso wenig helfen dir Deadlines, die überhaupt keinen Druck auf dich ausüben. Wenn du schon von Anfang an weißt, dass ein Überschreiten der Frist keine Konsequenzen für dich haben wird, ist deine Deadline wertlos. Du brauchst also einen Kontrollmechanismus, damit du dich auch daran hältst. Das können Sanktionen, Belohnungen oder andere Druckmittel sein.

Dazu sehen wir uns jetzt zwei Beispiele an, in denen wir große Aufgaben unterteilen und jeden Teilschritt mit einer Deadline versehen. (Wie das Aufteilen funktioniert, weißt du bereits aus dem Kapitel *O wie Organisieren*). Danach bauen wir noch einen Kontrollmechanismus ein, damit deine Fristen so verbindlich wie möglich werden.

Beispiel 1 (Prüfungsvorbereitung):

- ✔ Deine Prüfung ist in zwei Monaten. Damit liegt diese Deadline zu weit in der Zukunft und würde dir nicht helfen. Deshalb verteilst du deine Lerninhalte über zwei Monate und weist jedem Zwischenschritt eine Frist zu.

- ✔ Das könnte dann so aussehen:
  1. Woche: Unterlagen zusammenstellen
  2. Woche: Zusammenfassung schreiben (Kapitel 1-5)
  3. Woche: Zusammenfassung schreiben (Kapitel 6-10)
  4. Woche: Alle Definitionen auswendig lernen
  5. Woche: Alle Fallstudien wiederholen
  6. Woche: Zusammenfassung lernen
  7. Woche: Klausuren aus dem Vorsemester bearbeiten
  8. Woche: Komplette Kurzwiederholung

- ✔ Damit deine kleinen Deadlines am Ende jeder Woche verbindlich genug sind, musst du dir selbst ein eigenes Drucksystem aufbauen. Du kannst dir zum Beispiel Lernpartner suchen, mit denen du dich regelmäßig triffst und austauschst. Dadurch verpflichtest du dich, an deinem Plan festzuhalten, weil du dich nicht blamieren möchtest. Außerdem müsstest du dich rechtfertigen und erklären, warum du nichts getan hast.

Beispiel 2 (Studienarbeit):

- ✔ Deine Studienarbeit muss in zwei Monaten fertig sein. Damit liegt auch diese Deadline zu weit in der Zukunft und hilft dir nicht weiter. Deshalb verteilst du die zu schreibenden Kapitel auf die acht Wochen und legst jeweils eine Frist fest.

- ✔ Das könnte dann so aussehen:
  1. Woche: Konzept und Inhaltsverzeichnis erarbeiten
  2. Woche: Literaturrecherche durchführen
  3. Woche: Theoretische Grundlagen zusammenstellen
  4. Woche: Statistische Hintergrundinfos sammeln
  5. Woche: Fallstudie erarbeiten
  6. Woche: Ergebnisse beschreiben
  7. Woche: Abbildungen und Tabellen formatieren
  8. Woche: Zusammenfassung und Einleitung schreiben

- ✔ Damit deine kleinen Deadlines am Ende jeder Woche auch genug Druck aufbauen, kannst du dich zum Beispiel in jeder Woche mit deinem Betreuer oder Mentor treffen und deine bisherigen Arbeiten besprechen. Oder: Du belohnst dich nach jeder eingehaltenen Frist mit einem tollen Essen oder einer Folge deiner Lieblingsserie.

Wenn du dir kurzfristige und verbindliche Deadlines setzt, kannst du deine Produktivität deutlich erhöhen. Deine To-dos werden dann real und bekommen mehr Gewicht. Grundloses Aufschieben (aus welchen Gründen auch immer) funktioniert jetzt nicht mehr.

Bei vorgegebenen Deadlines, die weit in der Zukunft liegen, teilst du das übergeordnete Ziel in Zwischenschritte ein und setzt dir selbst kleine Fristen zur Orientierung. Diese müssen allerdings einen Kontrollmechanismus durchlaufen, damit sichergestellt wird, dass du dich an deine eigenen Vorgaben hältst und nicht einfach schummelst.

Beim Studieren liegt der Schlüssel zum Erfolg darin, dass du dich regelmäßig mit deinem Studium beschäftigst. Und das am besten jeden Tag. Wie das funktionieren kann, ohne dass du einen neuen Burnout-Rekord aufstellst, erfährst du im nächsten Abschnitt.

Non-Zero-Days

Wie oft hast du dir schon vorgenommen, endlich mit dem Lernen anzufangen oder wenigstens dieses eine Buch zu lesen? Und wie oft hast du danach abends auf dem Sofa festgestellt, dass du den ganzen Tag lang wieder erfolgreich nichts für dein Studium gemacht hast?

Das Problem ist klar: Du hast keinen Bock. Deine Aufgaben wirken zu groß und machen erstmal wenig Spaß. Schritt 1 zur Lösung kennst du bereits: Teile deine Aufgaben auf. Danach musst du nur noch die einzelnen, kleinen Einheiten abarbeiten und schon bist du am Ziel.

Doch auch viele kleine Schritte sehen auf den ersten Blick nicht deutlich besser aus als eine große, klumpige Aufgabe. Genau deshalb schauen wir uns jetzt einen feinen Trick an, mit dem deine kleinen Schritte kleine Schritte bleiben und dir keine Angst mehr machen. Mithilfe dieses Konzepts wird in wenigen Minuten aus einem verschwendeten Tag ein erfolgreicher Tag: ein Non-Zero-Day.

Ein Non-Zero-Day ist ein Tag, an dem du nicht nichts machst; ein Tag, an dem du wenigstens ein klitzekleines bisschen für dein Ziel arbeitest.

Es muss nicht viel sein, aber mehr als nichts – mehr als Null.

Non-Zero-Days sind ein relativ neues Konzept aus der Produktivitätsforschung: Dadurch, dass du Non-Zero-Days in deinen

Alltag integrierst, ist es einfacher für dich, erfolgreiche Gewohnheiten aufzubauen und ein kraftvolles Momentum aufrechtzuerhalten.

Tage, an denen du nur faul vor dich hinvegetierst, gehören damit der Vergangenheit an. Gleichzeitig musst du dich aber nicht zu einer unmenschlichen Studiermaschine entwickeln, denn kleine Aktionen reichen ja schon aus, um deine Non-Zero-Mission am Laufen zu halten.

Noch nicht überzeugt? Dann sieh dir mal die wichtigsten Vorteile dieser kleinen Produktivitätsmonster an:

- ✔ Du behältst deine Ziele jeden Tag im Auge und machst dir bewusst, warum du studierst. Dadurch bleibt deine Motivation auf einem konstant hohen Niveau.

- ✔ Du machst es dir selbst einfacher, deine Ziele zu erreichen, weil du jeden Tag mindestens ein kleines bisschen für deinen Erfolg arbeitest. Tage, an denen du gar nichts machst, gibt es nicht mehr.

- ✔ Du vermeidest Stress am Ende des Semesters, weil du dich schon vorher Stück für Stück mit dem Lernstoff beschäftigt hast.

- ✔ Du wechselst deinen Modus von passiv auf aktiv. Du lässt dich weniger hängen und wartest nicht ab, weil du jeden Tag etwas tun musst.

- ✔ Du baust positive Gewohnheiten auf, weil du kontinuierlich Handlungen ausführst, die dich deinem Ziel näher bringen – auch wenn diese Handlungen sehr klein sind.

- ✔ Du lässt dich nicht mehr so leicht von großen Mammut-Aufgaben ausbremsen, weil du kleine Schritte unternimmst, um Großes zu erreichen.

✔ Du unterscheidest dich von 99 Prozent deiner Kommilitonen, weil diese nicht jeden Tag für ihre Ziele und Träume arbeiten – du aber schon.

Mit Non-Zero-Days machst du dir das Leben leichter und kannst eine Dynamik entwickeln, von der viele nur träumen.

Kurioserweise sind Non-Zero-Days überhaupt nicht so anstrengend, wie es zunächst aussieht. Ganz im Gegenteil: Non-Zero-Days sind perfekt für Menschen, die hohe Ziele und Bock auf Freizeit haben.

Du musst auf nichts verzichten und überlädst deinen Kalender nicht mit Bergen zusätzlicher Arbeit. Warum? Weil du mit kleinen Mini-Aktionen perfekt durchkommst. Du musst unterm Strich nicht viel mehr arbeiten, bekommst aber einen gigantisch höheren Ertrag.

Die Erfolgsformel lautet:

Nur ein kleines bisschen arbeiten – dafür aber jeden Tag.

Mit dieser Formel wirst du deine Arbeitsweise im Studium revolutionieren. Wenn du nur jeden Tag ein paar Minuten deiner Zeit investierst, wirst du um ein Vielfaches erfolgreicher, glücklicher und stressfreier sein als je zuvor.

Dazu musst du nur diese fünf einfachen Schritte umsetzen:

Schritt 1: Lege ein Ziel fest!

Was möchtest du erreichen?

Schritt 2: Bestimme eine Aufgabe, die dir dabei hilft, dein Ziel zu erreichen!

Was musst du dafür tun? Welche Schritte sind erforderlich?

Schritt 3: Nimm dir fest vor, jeden Tag für diese Aufgabe zu arbeiten und rufe dir die Vorzüge ins Gedächtnis!

Warum machst du das? Was bringt es dir?

Schritt 4: Wähle eine feste, aber kurze Zeitspanne aus, um täglich an dieser Aufgabe zu arbeiten!

Wie viel Zeit brauchst du mindestens?

Schritt 5: Reserviere dir jeden Tag ein kleines bisschen Zeit – auch wenn es nur fünf Minuten sind!

Wann kannst du ein paar Minuten investieren?

Dein Plan ist also: Ziel festlegen, Aufgabe bestimmen, Motivation herausstellen, Zeitspanne wählen, Zeitpunkt festlegen – und go! Die Umsetzung von Non-Zero-Days ist denkbar einfach und unglaublich effektiv.

Wie du Schritt 1 und Schritt 3 angehen kannst, hast du bereits im Kapitel *D wie Durchblicken* herausgefunden; Schritt 2 kennst du aus dem vorherigen Teil *O wie Organisieren*. Schritt 4 ist neu und bleibt dir überlassen – entscheide dich einfach für eine kurze Zeitspanne, die gerade noch erträglich für dich ist. Bei Schritt 5 orientierst du dich an deiner Leistungskurve.

Zum Schluss gehen wir noch fünf Best-Practice-Beispiele zusammen durch, die in deinen Unialltag passen und dir den Start erleichtern.

Beispiel 1 (Lesen):

- ✔ <u>Schritt 1: Ziel festlegen</u>
  Ich möchte pro Woche/Monat ein Buch lesen.

- ✔ <u>Schritt 2: Aufgabe bestimmen</u>
  Ich lese jeden Tag mindestens ein Kapitel.

- ✔ <u>Schritt 3: Motivation herausstellen</u>
  Meine Allgemeinbildung wird besser. Es macht Spaß.

- ✔ <u>Schritt 4: Zeitspanne wählen</u>
  10 bis 15 Minuten pro Tag.

- ✔ <u>Schritt 5: Zeitpunkt festlegen</u>
  Jeden Abend vor dem Einschlafen.

Beispiel 2 (Für eine Klausur lernen):

- ✔ <u>Schritt 1: Ziel festlegen</u>
  Ich möchte die Klausur X mit der Note 1,7 bestehen.

- ✔ <u>Schritt 2: Aufgabe bestimmen</u>
  Ich wiederhole täglich den Vorlesungsstoff oder arbeite alte Klausuraufgaben durch.

- ✔ <u>Schritt 3: Motivation herausstellen</u>
  Meine Noten werden besser. Ich habe weniger Stress.

- ✔ <u>Schritt 4: Zeitspanne wählen</u>
  15 bis 30 Minuten pro Tag.

- ✔ <u>Schritt 5: Zeitpunkt festlegen</u>
  Jeden Tag um 18:00 Uhr.

Beispiel 3 (Eine neue Sprache lernen):

- ✔ <u>Schritt 1: Ziel festlegen</u>
  Ich möchte fließend Spanisch sprechen.

✓ Schritt 2: Aufgabe bestimmen
Ich lerne zehn Vokabeln pro Tag.

✓ Schritt 3: Motivation herausstellen
Mein Auslandssemester verbringe ich in Madrid.

✓ Schritt 4: Zeitspanne wählen
5 bis 15 Minuten pro Tag.

✓ Schritt 5: Zeitpunkt festlegen
Jeden Morgen um 7:30 Uhr.

Beispiel 4 (Eine Software lernen):

✓ Schritt 1: Ziel festlegen
Ich möchte perfekt mit der Software Y umgehen können.

✓ Schritt 2: Aufgabe bestimmen
Ich absolviere täglich neue Tutorials oder arbeite mich durch das Handbuch.

✓ Schritt 3: Motivation herausstellen
Vorteile bei meiner späteren Bewerbung.

✓ Schritt 4: Zeitspanne wählen
10 bis 20 Minuten pro Tag.

✓ Schritt 5: Zeitpunkt festlegen
Jeden Abend um 22:00 Uhr.

Beispiel 5 (Netzwerken):

✓ Schritt 1: Ziel festlegen
Ich möchte ein riesiges Netzwerk aufbauen.

✓ Schritt 2: Aufgabe bestimmen
Ich spreche täglich drei neue Leute an oder suche über XING oder LinkedIn interessante Kontakte.

✓ Schritt 3: Motivation herausstellen
Vorteile durch nützliche Beziehungen.

✓ Schritt 4: Zeitspanne wählen
10 bis 30 Minuten pro Tag.

✓ Schritt 5: Zeitpunkt festlegen
Jeden Tag um 12:00 Uhr.

Am besten funktionieren diese kleinen Mini-Gewohnheiten übrigens, wenn du sie an andere Routineaufgaben koppelst (nach dem Zähneputzen liest du fünf Minuten in einem Buch) oder morgens als allererstes erledigst (direkt nach dem Aufstehen gehe ich joggen). Dadurch verankern sie sich fest in deinem Tagesrhythmus und laufen bald ganz von allein ab, ohne dass du etwas dafür tun musst.

Mit Non-Zero-Days erledigst du Schritt für Schritt Aufgaben – und gewinnst so den Studiermarathon. Außerdem kommst du auf diese Weise entspannter ins Ziel. Alles, was du dazu brauchst, ist ein bisschen Planung und Durchhaltevermögen.

Nimm dir deine Projekte nacheinander vor und lege Non-Zero-Days für eine bis maximal drei unterschiedliche Aktivitäten fest. Sonst überlastest du dich direkt wieder und ziehst keine Vorteile aus dieser Methode.

Arbeite einfach nur ein kleines bisschen an einer Sache – dafür aber jeden Tag.

E wie Einteilen

👁 Auf einen Blick

- ✔ Dein Studium ist kein Sprint, sondern ein Marathon.
- ✔ Deine Leistungsfähigkeit ist über den Tag nicht konstant verteilt, sondern folgt deiner Leistungskurve.
- ✔ Anspruchsvolle Aufgaben werden in Hochphasen und Routineaufgaben in Tiefphasen erledigt.
- ✔ Mit Deadlines arbeitest du fokussierter, Pufferzeiten geben dir Spielraum.
- ✔ Non-Zero-Days sind Tage, an denen du nicht nichts machst und damit konsequent deine Ziele erreichst.

☆ Aufgaben

- ✔ Finde deine Leistungskurve! Beantworte dazu die Fragen auf Seite 73 und analysiere deinen Tagesablauf!
- ✔ Vergebe Deadlines: Weise mindestens zehn Projekten und drei Aufgaben eine verbindliche Frist zu! Lege außerdem einen Kontrollmechanismus fest!
- ✔ Führe Non-Zero-Days ein und bestimme eine Aktivität, die dich ab heute einen Monat lang täglich begleiten wird!

💡 Lesetipps

- ✔ Bachelor of Time (T. Reichel)
- ✔ Miracle Morning (H. Elrod)
- ✔ Zeitmanagement (J. Knoblauch et al.)

D wie Durchführen

Studiere produktiv!

Rückblende: Du befindest dich mitten in der DOEDL-Methode. Zuerst hast du gelernt, wie du mit der täglichen Informationsflut zurechtkommst und den Durchblick in deinem Studentenleben behältst. Danach hast du dein Studium organisiert und bist in den Vorbereitungs-Olymp aufgestiegen. Dort hast du dann deinen Rhythmus gefunden und alle geplanten Schritte so eingeteilt, dass sie perfekt in deinen Alltag passen.

Jetzt geht es ans Eingemachte: Wir kümmern uns um deine Aufgaben. Dazu sehen wir uns an, wie du deine To-dos möglichst effizient anpacken und erledigen kannst. Wir sorgen dafür, dass du deinen Flow findest und dich voller Energie durch deine Tagespläne arbeiten kannst.

Denn genau an dieser Stelle unterscheidet sich ein glücklicher Erfolgsstudent von einem gestressten 08/15-Studenten. Deine Planung kann nämlich noch so gut sein: Wenn du nicht in die Gänge kommst und deine Aufgaben produktiv durchführen kannst, wirst du immer unter deinen Möglichkeiten bleiben.

Du musst entschlossen sein und wissen, wie du unbequeme Herausforderungen bewältigen kannst – Tag für Tag.

Doch viele Studenten tun sich dabei unglaublich schwer. Sie vertrödeln ihre Zeit mit unnötigem Kleinkram, lassen sich ablenken und weichen von ihren Plänen ab. Sie sind vielleicht beschäftigt und füllen ihre Stunden mit Alibiaktionen – aber produktiv sind sie nicht.

Sie lassen sich von den vielen Aufgaben unterkriegen und verlieren den Blick fürs Wesentliche. Und das nur, weil sie einfache, vermeidbare Fehler begehen und sich ohne Strategie an die Arbeit machen.

Damit dir das nicht passiert, lernst du in diesem Kapitel das wichtigste Grundprinzip kennen, mit dem du ab heute jede neue Aufgabe bearbeiten wirst. Außerdem sprechen wir über Eichhörnchen und überlegen uns, wann du das nächste Mal Pause machst – denn das wird dein neuer Schlüssel zu anhaltender Produktivität. Danach bekommst du als Starthilfe noch einen supernützlichen Trick an die Hand, der garantiert nur fünf Minuten dauert.

Bisher hast du dir eine solide Grundlage für dein neues Selbstmanagement aufgebaut – jetzt musst du diesen Vorteil nur noch nutzen.

Und das geht so:

Das eine Ding

In jedem Studiengang gibt es immer ein paar Studenten, die deutlich mehr auf die Reihe bekommen als der Rest. Sie arbeiten schneller, können sich mehr merken und gleiten fast mühelos durchs Studium – und zwar ohne deutlich mehr Zeit zu investieren.

Während du noch damit beschäftigt bist, das Vorlesungsskript richtig auszudrucken, haben sie schon die ersten fünfzig Seiten zusammengefasst und auswendig gelernt. Nicht weil sie intelligenter und talentierter sind als du, nein. Sie haben nur eine Sache verstanden und wenden sie konsequent an.

Ihr Geheimnis lautet:

> Beschäftige dich nicht mit zu vielen Dingen gleichzeitig, sondern konzentriere dich immer nur auf eine einzige konkrete Aufgabe!

Wenn du produktiv studieren möchtest, musst du fokussiert arbeiten. Deine volle Aufmerksamkeit muss auf das Hier und Jetzt gerichtet sein. Kümmere dich nicht um zehn Dinge zur gleichen Zeit, sondern arbeite eine Maßnahme nach der anderen ab.

Singletasking heißt das Zauberwort. Erledige nur eine einzige Sache und konzentriere dich auf deine aktuelle Aufgabe – mehr nicht. Kümmere dich nur um das eine Ding. Denn erstens kannst du eh nicht alles schaffen und zweitens bringt es nichts, zu viele Baustellen zur gleichen Zeit aufzumachen. Du musst Schritt für Schritt vorgehen und dich langsam aber beständig deinem Ziel nähern – ohne dabei die Orientierung zu verlieren.

Erfolgreiche Studenten praktizieren deshalb fast nie Multitasking, sondern fokussieren sich immer nur auf eine Sache. Diese einfache Grundregel ist ein wahrer Produktivitäts-Booster und sorgt dafür, dass du konzentriert bleibst und deine Aufgaben schneller hintereinander erledigen kannst.

Das wichtigste Grundprinzip beim Bearbeiten von Aufgaben lautet also:

Erledige immer nur eine einzige Aufgabe zur gleichen Zeit!

Oder anders gesagt:

Praktiziere immer Singletasking und niemals Multitasking!

Weil dieser Grundsatz wesentlich für dein neues Selbstmanagement ist, sehen wir uns kurz die fünf wichtigsten Vorteile von Singletasking an:

- ✔ Du erzielst ein qualitativ besseres Ergebnis, weil du deine volle Aufmerksamkeit auf eine einzige Aufgabe richtest.
- ✔ Du kannst dich komplett auf deine Herausforderung einlassen und wirst nicht durch Nebenbaustellen abgelenkt.
- ✔ Du wirst schneller fertig, weil du dich nicht um mehrere Dinge zur gleichen Zeit kümmern musst.
- ✔ Du kannst systematischer arbeiten, weil das Strukturieren einer einzigen Aufgabe leicht ist und deine einzelnen Schritte kontinuierlich aufeinander aufbauen.
- ✔ Du überforderst dich nicht und hast auch nicht das Gefühl, vielen offenen Aufgaben hinterherzulaufen – und das senkt dein Stresslevel.

Singletasking erleichtert dir das Studieren und sorgt dafür, dass du schneller und entspannter vorankommst. Sobald du dich vom Multitasking verabschiedest, wird deine Arbeitsweise deutlich produktiver und effizienter.

Das Konzept vom Multitasking ist nämlich eine dreiste Lüge. Es gaukelt uns vor, dass wir mehr schaffen, wenn wir uns mit mehreren Aufgaben gleichzeitig beschäftigen. Dabei ist genau das Gegenteil der Fall: Wir werden ineffektiv und ineffizient; wir erledigen die falschen Dinge (weil wir die Übersicht verlieren) und führen diese dann auch noch schlecht aus (weil wir überfordert und unkonzentriert sind).

Außerdem verschwendest du mit Multitasking deine Zeit: Jedes Mal, wenn du deine Arbeit unterbrichst und von Aufgabe zu Aufgabe wechselst, verlierst du nicht nur Zeit bei der Bearbeitung, sondern auch Zeit, um deinen Fokus wiederzufinden.

Beispiel: Du bist dabei, die Zusammenfassung deiner letzten Vorlesung zu schreiben. Mittendrin fällt dir ein, dass du deinem Kommilitonen noch eine E-Mail schicken wolltest. Daraufhin unterbrichst du deine Arbeit für zehn Minuten, schreibst die Nachricht und suchst den passenden Anhang raus. Danach machst du weiter mit deiner Zusammenfassung – aber nicht mit dem gleichen Fokus wie vor zehn Minuten. Du musst dich erst wieder zurechtfinden und dich in die Aufgabe hineindenken.

Erst nach weiteren zehn Minuten bist du wieder in der gleichen geistigen Verfassung wie vor der Unterbrechung. Das heißt: Unterm Strich verlierst du insgesamt zwanzig produktive Minuten. Nur weil du deine Arbeit unterbrochen und eine kleine E-Mail geschrieben hast.

Wenn du andauernd gestört wirst und dich nicht konzentriert mit einer Aufgabe beschäftigen kannst, tritt der so genannte „Sägeblatt-Effekt" (nach L. Seiwert) in Erscheinung.

Wer von seiner Aufgabe auch nur für einen kurzen Moment abgelenkt wird, benötigt bis zur erneuten Weiterarbeit an der gleichen Stelle eine zusätzliche Anlauf- und Wiedereinarbeitungszeit. Diese Leistungsverluste können in Summe stark ins Gewicht fallen und mehr als ein Viertel unserer Zeit ausmachen.

So kannst du dir den „Sägeblatt-Effekt" vorstellen:

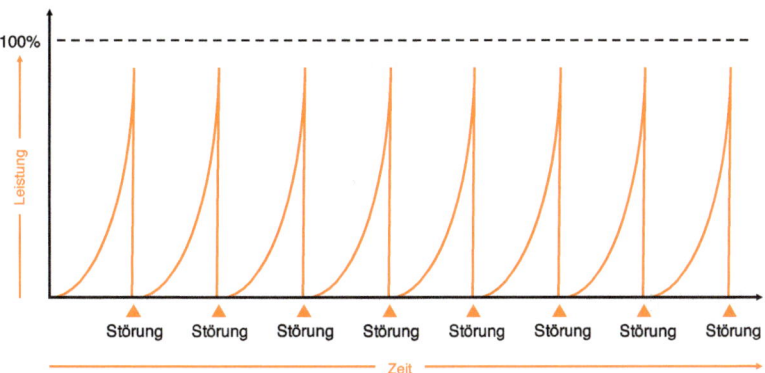

Nach jeder Störung oder Unterbrechung fällt deine momentane Leistungskurve steil ab. Um dich danach zurück auf dein Leistungsniveau zu kämpfen, brauchst du zusätzliche Arbeitszeit.

Beim Multitasking wechselst du ständig zwischen den verschiedenen Aufgaben und verlierst dabei den Fokus. Am Ende kannst du dich auf keine Sache mehr konzentrieren und wirst unzufrieden, weil du das Gefühl hast, nichts wirklich zu schaffen.

Hier sind die fünf größten Nachteile von Multitasking:

- ✔ Du senkst die Qualität deiner Ergebnisse, weil du dich nicht vollständig auf die einzelnen Aufgaben einlässt.

- ✔ Du wirst dadurch, dass du dich gleichzeitig mit vielen verschiedenen Dingen beschäftigst, abgelenkt und verlierst Zeit.

- ✔ Du begehst Flüchtigkeitsfehler und vermischst deine Aktivitäten, was zu einer unproduktiven Arbeitsweise führt.

- ✔ Du baust großen Druck auf, weil du dich mit vielen offenen Aufgaben zur gleichen Zeit beschäftigst.

- ✔ Du bist schneller gestresst und unzufrieden, weil du deine kleinen Erfolge nicht wahrnimmst und gleichzeitig immer mehr Aufgaben auf dich hereinprasseln.

Multitasking wirft dich zurück und blockiert dich – physisch und psychisch. Singletasking funktioniert viel besser und lässt sich auch noch ganz einfach umsetzen.

Dieser Drei-Schritte-Plan hilft dir dabei:

Schritt 1: Teile deine Aufgabe in Zwischenschritte ein!

Nutze dazu die Techniken aus dem Kapitel O wie Organisieren!

Schritt 2: Bringe die Teilaufgaben in eine sinnvolle Reihenfolge!

Achte darauf, dass die Schritte chronologisch aufeinander aufbauen!

Schritt 3: Arbeite einen Schritt nach dem anderen ab!

Erledige nur das eine Ding – ohne abzuschweifen!

Diese Herangehensweise ist im Prinzip nichts Neues für dich. Im Abschnitt *Einfach aufteilen* sind wir nach einem sehr ähnlichen Schema vorgegangen und haben deine großen Aufgaben in kleine, überschaubare Einzelteile gegliedert (Seite 47-50).

Die vorherigen Beispiele greifen wir an dieser Stelle wieder auf und stellen fest: Schritt 1 und Schritt 2 haben wir bereits erledigt. Unser Plan steht also schon und wir müssen uns nur noch um Schritt 3 kümmern:

Beispiel 1 (Vorlesungsfolien zusammenfassen):

✔ <u>Schritt 1-2: Einzelne Schritte in sinnvoller Reihenfolge</u>
- → Folien herunterladen
- → Folien ausdrucken
- → Folien lesen und wichtige Infos unterstreichen
- → Folie für Folie durchgehen und zusammenfassen
- → Farbliche Markierungen setzen
- → Weiterführende Quellen vermerken
- → Offene Fragen notieren
- → Zusammenfassung einscannen
- → Ordner für die Vorlesung anlegen
- → Zusammenfassung ablegen

Beispiel 2 (Prüfungsvorbereitung – Definitionen lernen):

✔ <u>Schritt 1-2: Einzelne Schritte in sinnvoller Reihenfolge</u>
- → Alle Vorlesungsunterlagen zusammenstellen
- → Nach Definitionen suchen und herausschreiben
- → Für jede Definition eine Karteikarte erstellen
- → Karten nummerieren
- → Jede Karteikarte zwei Mal durchgehen
- → Zu jeder Definition ein eigenes Beispiel überlegen

- → Nochmal jede Karteikarte durchgehen
- → Offene Fragen notieren
- → Karteikarten ablegen

Beispiel 3 (Studienarbeit schreiben):

✔ Schritt 1-2: Einzelne Schritte in sinnvoller Reihenfolge
- → Einfache Google-Recherche
- → Recherche mit GoogleScholar
- → Recherche in der Hochschulbibliothek
- → Recherche in Sekundärquellen
- → Relevante Literaturquellen auf einer Liste sammeln
- → Quellen besorgen (digital oder ausgedruckt)
- → Quellen überfliegen und sortieren
- → Relevante Quellen zusammenfassen
- → Zusammenfassungen in die Studienarbeit einfügen
- → Texte überarbeiten und sprachlich abstimmen
- → Überleitungen im Text bearbeiten
- → Quellenverweise einfügen
- → Literaturverzeichnis einfügen
- → Quellenverweise und korrekte Zitierweise prüfen
- → Korrekturlesen
- → Ordner für die neuen Literaturquellen anlegen
- → Literaturquellen ablegen
- → Studienarbeit speichern

Nachdem du alle Einzelschritte festgelegt und geordnet hast, kannst du deine To-do-Liste Punkt für Punkt abarbeiten.

Wichtig dabei ist, dass du dein Vorgehen schriftlich planst und damit eine verbindliche Leitstruktur zur Orientierung schaffst. Du kannst dich dann einfach an deine Liste halten und musst dir die Reihenfolge deiner Schritte nicht merken.

Halte dich danach konsequent an deinen Plan und widerstehe der Versuchung, mehrere Dinge zur gleichen Zeit anzupacken. Konzentriere dich nur auf eine einzige Sache und lass dich nicht ablenken.

Wenn du beim Bearbeiten einer Aufgabe Ideen oder Einfälle zu einem anderen Thema hast, kannst du deine Gedanken kurz notieren und auf einer separaten Liste sammeln. Sobald du dein Ziel dann erreicht hast, gehst du diesen Dingen nach, ohne dass du aus deiner Konzentrationsphase gerissen wirst.

Streiche Multitasking komplett aus deinem Alltag und nutze die Vorzüge des Singletaskings bei jeder Gelegenheit aus. Wie dir das täglich für mehrere Stunden gelingen kann, sehen wir uns im nächsten Abschnitt an.

Fokus vs. Eichhörnchen

13:30 Uhr: Du setzt dich entschlossen an deinen Schreibtisch und beginnst zu lernen. 16:15 Uhr: Du sitzt immer noch am Schreibtisch – aber du lernst nicht mehr. Du starrst aus dem Fenster, denn im Baum gegenüber ist mehr los als bei dir.

Draußen springt ein kleines Eichhörnchen von Ast zu Ast. Es klettert den Baumstamm hoch, versteckt Nüsse und freut sich. Und du freust dich auch: Du könntest dem kleinen Racker stundenlang dabei zusehen. Und das machst du dann auch.

Nach fast drei Stunden harter Kopfarbeit kannst du dich ohnehin nicht mehr konzentrieren. Dein Fokus ist weg und dein Studium hat den Kampf um deine Aufmerksamkeit verloren. Gegen ein Eichhörnchen.

Aber dieser Kampf ist unfair, denn wenn du dich für mehrere Stunden ununterbrochen mit einer Aufgabe beschäftigst, nimmt deine Konzentration zwangsläufig ab. Es ist fast unmöglich, über einen so langen Zeitraum fokussiert zu bleiben. Dafür sind wir Menschen nicht gemacht. Wir müssen auch mal durchatmen und brauchen Abwechslung.

Deshalb hat es das kleine pelzige Kerlchen auch so leicht und zieht deine komplette Aufmerksamkeit auf sich: Es ist deine unterbewusste Rettung aus der Monotoniefalle – es ist deine Pause.

Das Problem dabei ist nur, dass es eine lange Zwangspause werden kann, denn durch deine Marathon-Session sind deine Konzentrationsreserven aufgebraucht. Wirst du jetzt abgelenkt, dann bleibst du es und findest nur schwer wieder zurück in die Erfolgsspur. Mit derart langen Lerneinheiten beutest du dich mental aus und tust dir selbst keinen Gefallen:

> Wenn du über einen langen Zeitraum ohne Pause durcharbeitest, nimmt deine Konzentration überproportional ab und du fällst in ein hartnäckiges Leistungstief!

Viel effizienter und gesünder ist es hingegen, wenn du in kurzen Etappen arbeitest und zwischendurch kleine Erholungspausen einlegst. Auf diese Weise bleibst du länger fit und kannst viele produktive Einheiten aneinanderreihen – immer getrennt durch kleine Pausen, die dich mental frisch halten.

Im Prinzip läuft es beim Studieren wie bei der Tour de France: Würdest du die komplette Strecke am Stück fahren, wärst du nach kurzer Zeit erschöpft; du würdest nicht weit kommen. Deshalb teilst du den Weg in Etappen auf und fährst Stück für Stück. Du legst regelmäßig Pausen ein und tankst zwischendurch Kraft, damit du danach mit vollen Energiereserven weitermachen kannst.

Aber aufgepasst, das Ganze ist ein Balanceakt:

> Deine Etappen dürfen weder zu kurz noch zu lang sein!

Sind sie zu kurz, sorgt der „Sägeblatt-Effekt" (S. 97) dafür, dass du zu lange brauchst, um deinen Fokus wiederzufinden. Du arbeitest dann ineffizient und verschwendest am Anfang zu viel Zeit, um deinen Flow zu finden. Sind sie dagegen zu lang, fällt deine Konzentration am Ende rapide ab und es besteht akute Ablenkungs- bzw. Eichhörnchengefahr. Daher musst du strategisch vorgehen und die Länge deiner Lerneinheiten und Pausen fest einplanen.

Im Mittel sollten deine Etappen zwischen 20 und 40 Minuten lang sein – das reicht schon. Zwischen deinen Sessions baust du jeweils eine fünfminütige Pause ein und arbeitest danach mit voller Konzentration weiter.

So könntest du dabei vorgehen:

Schritt 1: Formuliere deine Aufgabe schriftlich!

Was genau möchtest du tun?

Schritt 2: Unterteile deine Aufgabe!

Welche Etappen gibt es?

Schritt 3: Weise jeder Teilaufgabe eine feste Zeit zu!

Wie lange dauert eine Etappe?

Schritt 4: Bearbeite eine Teilaufgabe mit voller Konzentration!

Arbeite fokussiert – ohne Ablenkung.

Schritt 5: Mache fünf Minuten Pause!

Jetzt darfst du dich kurz ablenken und erholen.

Wir verbinden also die Prinzipien des Singletaskings mit den Konzepten, die du in den Abschnitten *Einfach aufteilen* und *Ein bisschen Verbindlichkeit* kennengelernt hast: Du entscheidest dich für eine einzige Aufgabe. Diese teilst du dann in Zwischenschritte ein und bestimmst jedes Mal direkt eine verbindliche Deadline – deine Etappenlänge.

Während du deine Aufgabe bearbeitest, bündelst du deine komplette Aufmerksamkeit und lässt dich nicht ablenken. Nachdem

die feste Zeit für deine Etappe abgelaufen ist, hörst du auf und machst eine kleine Pause – selbst dann, wenn du noch nicht ganz fertig bist; du machst dann einfach später weiter.
Deine Pausen sind nicht verhandelbar!

Auf dieser Grundlage stellst du dir ab jetzt Zeitpläne fürs Lernen und Studieren auf. Dazu ein paar Beispiele:

Beispiel 1 (Vorlesungsfolien zusammenfassen):

✔ Dein Zeitplan könnte so aussehen:
30 Minuten: Folien ausdrucken und lesen
5 Minuten: Pause
30 Minuten: Folien zusammenfassen (Folie 1-30)
5 Minuten: Pause
30 Minuten: Folien zusammenfassen (Folie 31-60)
5 Minuten: Pause
30 Minuten: Folien zusammenfassen (Folie 61-90)
5 Minuten: Pause
30 Minuten: Folien zusammenfassen (Folie 91-120)
…

Die Etappen sind in diesem Fall sehr ähnlich und haben alle eine Länge von 30 Minuten. Nach jedem Durchgang legst du eine kurze Pause von fünf Minuten ein.

Im nächsten Beispiel bekommen unsere Etappen unterschiedliche Längen:

Beispiel 2 (Prüfungsvorbereitung – Definitionen lernen):

✔ Dein Zeitplan könnte so aussehen:
20 Minuten: Vorlesungsunterlagen zusammenstellen
5 Minuten: Pause
40 Minuten: Alle Definitionen raussuchen

5 Minuten: Pause
30 Minuten: Karteikarten erstellen (Teil 1)
5 Minuten: Pause
30 Minuten: Karteikarten erstellen (Teil 2)
5 Minuten: Pause
40 Minuten: Karteikarten lernen

...

Unsere Arbeitseinheiten haben in diesem Beispiel unterschiedliche Längen, weil sich die Aufgaben inhaltlich stark voneinander unterscheiden. Prinzipiell kannst du aber auch gleichbleibende Etappenlängen wählen und neue Aufgaben entweder vorziehen (wenn du früher fertig bist) oder alte, noch nicht abgeschlossene Aufgaben mit in eine neue Etappe übernehmen.

Falls du deutlich länger als zwei Stunden konzentriert arbeiten möchtest, kommst du mit den kleinen Fünf-Minuten-Pausen nicht mehr aus. Du brauchst dann von Zeit zu Zeit eine längere Erholung:

Beispiel 3 (Kapitel einer Studienarbeit schreiben):

✔ Dein Zeitplan könnte so aussehen:
  20 Minuten: Google-Recherche durchführen
  5 Minuten: Pause
  20 Minuten: Recherche mit GoogleScholar
  5 Minuten: Pause
  20 Minuten: Recherche in Sekundärquellen
  5 Minuten: Pause
  30 Minuten: Quellen lesen und ordnen
  5 Minuten: Pause
  30 Minuten: Quellen zusammenfassen (Quelle 1-3)
  30 Minuten: Pause
  30 Minuten: Quellen zusammenfassen (Quelle 4-8)

5 Minuten: Pause
20 Minuten: Texte in die Studienarbeit einfügen
5 Minuten: Pause
40 Minuten: Texte überarbeiten, Überleitungen setzen
5 Minuten: Pause
40 Minuten: Grafiken und Diagramme erstellen
30 Minuten: Pause
20 Minuten: Literaturverzeichnis einfügen/aktualisieren
5 Minuten: Pause
30 Minuten: Korrekturlesen, speichern, Quellen ablegen
…

Nach jeweils zwei Stunden Arbeitszeit legen wir in diesem Beispiel eine größere Pause von 30 Minuten ein. Während dieser
Unterbrechung kannst du dich für einen längeren Zeitraum re-
generieren, dich etwas bewegen oder intensiv mit deinen Hobbys ablenken – Hauptsache, du erholst dich und startest danach
konzentriert mit der nächsten Teilaufgabe.

Wenn du dich über mehrere Stunden fokussiert mit deinem Studium auseinandersetzen und produktiv lernen möchtest, ist es
nicht sinnvoll, das ununterbrochen am Stück zu tun. Es funktioniert viel besser, wenn du kurze Konzentrationsphasen mit kleinen, bewussten Pausen mischst, in denen du deine Gedanken
schweifen lassen kannst.

Entwickle dazu eigene Zeitpläne und finde einen Etappenrhyth-
mus, der zu dir passt. Wähle deine Intervalle am Anfang lieber
etwas zu kurz und taste dich dann langsam an deine optimale
Struktur heran.

Die enggefassten Deadlines zwingen dich dazu, konzentriert
und fokussiert zu arbeiten: Du musst dich auf das Wesentliche

deiner Aufgabe konzentrieren und darfst keine Zeit vertrödeln. Du motivierst dich damit von Einheit zu Einheit – aber ohne dabei zu sehr unter Druck zu geraten, weil du nach jeder Belastung eine kurze Pause machst.

Du lagerst deine Ablenkung sozusagen aus und weist ihr einen festen Platz zu. Dadurch kann sie dich nicht mehr überfallen und vom Studieren abhalten. Anders gesagt: Du schaust dem kleinen Eichhörnchen nicht mehr stundenlang zu, sondern nur noch für fünf Minuten; dafür aber nach jeder Etappe.

Du wirst erstaunt sein, wie viel du an einem Tag schaffen kannst, wenn du die richtige Strategie nutzt, deine Aufgaben aufteilst und mit bewussten Pausen arbeitest.

Falls dir das Anfangen dabei immer noch schwer fällt und dir viel zu oft die Motivation fehlt, dann solltest du jetzt weiterlesen.

Die Fünf-Minuten-Regel

Sobald du deine Etappen bestimmt und deine Arbeitspläne aufgestellt hast, wirst du bemerken: Es gibt unglaublich viel zu tun. Das Aufdröseln deiner Aufgaben erzeugt riesige To-do-Listen, die dir zwar dabei helfen, strukturiert vorzugehen, aber auf den ersten Blick bedrückend und demotivierend wirken können.

Bei einem derart großen Aufgabenberg wird der Einstieg zu einer echten Herausforderung, an der viele Studenten scheitern.

Selbst wenn du dich unter Druck setzt und versuchst, dich zum Anfangen zu zwingen, wirst du irgendwann an deine Grenzen kommen. Druck ist kein Allheilmittel und funktioniert auf Dauer nicht. Daher brauchst du etwas anderes. Du brauchst eine Art Starthilfe, die bei jeder Herausforderung funktioniert und nicht weh tut; die du immer dann einsetzen kannst, wenn der Beginn mit einer neuen Aufgabe schwerfällt.

Du brauchst die Fünf-Minuten-Regel.

Die Fünf-Minuten-Regel ist ein kleiner psychologischer Trick, mit dessen Hilfe du deine Startschwierigkeiten überwinden kannst. Bei fast allen Aufgaben ist der Anfang der schwierigste Schritt – hast du diesen überwunden, geht es deutlich einfacher voran. Und genau dabei hilft dir diese Methode:

Bei der Fünf-Minuten-Regel legst du eine kleine, konkrete Aufgabe fest und bearbeitest diese nur fünf Minuten lang.

Danach hörst du damit auf und entscheidest, ob du weitermachst – oder eben nicht. Wenn du nach fünf Minuten absolut keine Lust mehr hast, dann hörst du einfach auf und machst etwas anderes oder startest später einen neuen Anlauf.

Der Trick an der Sache ist aber, dass du dich nach fünf Minuten sehr wahrscheinlich nicht zurückziehen wirst. Die meisten denken sich nämlich:

„Jetzt habe ich einmal angefangen, dann kann ich auch weitermachen."

Besonders bei großen und nervigen Aufgaben funktioniert die Fünf-Minuten-Regel ganz hervorragend. Durch eine kleine und einfache Anfangshandlung kommst du in Schwung und lässt dich nicht von deiner großen Herausforderung abschrecken.

Du denkst also wieder in Schritten und arbeitest dich von Etappe zu Etappe – aber ohne direkt einen ganzen Berg Arbeit vor dir zu haben.

Bedrückende und zeitintensive Aufgaben, auf die du eigentlich keine Lust hast, wirken gar nicht mehr so schlimm, wenn du dich nur fünf Minuten lang mit ihnen beschäftigen musst. Und deshalb ist diese Methode gerade für Studenten, die unter chronischem Zeitmangel leiden und eher komplexe Aufgaben vor der Brust haben, besonders gut geeignet.

Außerdem bringt dich diese Herangehensweise dazu, über die Struktur und Aufteilung deines „Projekts" nachzudenken: Wie lauten die einzelnen Schritte? Wie kannst du am besten vorgehen? Wie lassen sich Aufgaben unterteilen und am schnellsten erledigen?

Alles, was du in den bisherigen DOEDL-Kapiteln gelernt hast, kannst du an dieser Stelle also miteinbeziehen und dir damit den Start in eine neue Aufgabe vereinfachen. Aufschieben und Prokrastination gehören ab jetzt der Vergangenheit an.

Die Fünf-Minuten-Regel ändert deine Strategie für unbequeme Aufgaben – ohne dass du dich stark unter Druck setzen musst.

Das sind die fünf größten Vorteile dieser Methode:

- ✔ Du kannst viel einfacher mit einer Aufgabe anfangen, weil du dich nur fünf Minuten lang mit ihr beschäftigen musst.
- ✔ Du spürst einen geringeren inneren Widerstand und erfindest weniger Ausreden.
- ✔ Du bist nie zu beschäftigt und findest immer fünf Minuten Zeit, um dich mit einer kleinen Sache zu beschäftigen.
- ✔ Du kannst nach fünf Minuten einfach aufhören und brauchst deswegen keine Schuldgefühle zu haben.
- ✔ Du strukturierst deine Arbeit automatisch besser und teilst deine Aufgabe in kleine, überschaubare Schritte ein.

Es wird dir viel leichter fallen, große Hürden zu nehmen, wenn du dich an die Fünf-Minuten-Regel hältst. Du musst dich dabei fast gar nicht überwinden und wirst – durch die kleine Fünf-Minuten-Schranke in deinem Kopf – viel motivierter und produktiver an neue Aufgaben herangehen.

Und das Praktischste dabei ist: Die Fünf-Minuten-Regel kannst du auf alle Bereiche in deinem Studentenleben anwenden. Sie ist ein Multifunktionsstarthelfer und ganz einfach anzuwenden.

Halte dich einfach an diese vier Schritte:

Schritt 1: Bestimme eine Aufgabe!

Was möchtest du tun?

Schritt 2: Unterteile deine Aufgabe in kleine Etappen!

Aus welchen Schritten besteht deine Aufgabe?

Schritt 3: Lege den ersten Schritt fest!

Womit musst du anfangen?

Schritt 4: Arbeite fünf Minuten an diesem ersten Schritt!

Was spricht gegen fünf kleine Minuten?

Die Anwendung der Fünf-Minuten-Regel ist ähnlich aufgebaut wie das Konzept der *Non-Zero-Days*, aber durch die starke zeitliche Limitierung flexibler in der Anwendung. Außerdem kannst du die Fünf-Minuten-Regel den kompletten Tag lang anwenden, ohne dass ihre Wirkung nachlässt.

Wähle eine Aufgabe aus, bestimme die verschiedenen Schritte, lege einen Startpunkt fest und fang direkt an. Zieh es einfach durch und überlege dir nach fünf Minuten, ob du weitermachen oder lieber wieder aufhören möchtest. Du hast keinen Druck und kannst dich nach dieser kurzen Zeit frei entscheiden.

Achte nur darauf, dass du deine Aufgaben nicht zu groß wählst, damit du auch wirklich leicht in Schwung kommst. Dazu kannst du vorher eine feste Etappenlänge für den Idealfall festlegen (du hörst nicht nach fünf Minuten auf, sondern hast Blut geleckt und arbeitest weiter) und anschließend eine Pause machen.

Danach startest du wieder für fünf Minuten mit einem neuen Schritt.

Dazu ein paar Beispiele:

Beispiel 1 (Ein Buch lesen):

- ✓ Schritt 1: Aufgabe bestimmen
  Buch für Modul X lesen
- ✓ Schritt 2: Aufgabe unterteilen
  Kapitel 1, Kapitel 2, Kapitel 3 usw.
- ✓ Schritt 3: Anfang festlegen
  Kapitel 1 lesen
- ✓ Schritt 4: Los!
  Arbeite fünf Minuten an diesem ersten Schritt!

Beispiel 2 (Eine Zusammenfassung schreiben):

- ✓ Schritt 1: Aufgabe bestimmen
  Zusammenfassung von Vorlesung Y schreiben
- ✓ Schritt 2: Aufgabe unterteilen
  Vorlesungsfolien 1-10, 11-20, 21-30 usw.
- ✓ Schritt 3: Anfang festlegen
  Vorlesungsfolien 1-10 zusammenfassen
- ✓ Schritt 4: Los!
  Arbeite fünf Minuten an diesem ersten Schritt!

Beispiel 3 (Eine Zusammenfassung lernen):

- ✓ Schritt 1: Aufgabe bestimmen
  Zusammenfassung von Vorlesung Y lernen
- ✓ Schritt 2: Aufgabe unterteilen
  Seite 1, Seite 2, Seite 3 usw.

✔ Schritt 3: Anfang festlegen
Seite 1 der Zusammenfassung lernen

✔ Schritt 4: Los!
Arbeite fünf Minuten an diesem ersten Schritt!

Beispiel 4 (Eine Übungsaufgabe durcharbeiten):

✔ Schritt 1: Aufgabe bestimmen
Übungsaufgabe von Modul Y durcharbeiten

✔ Schritt 2: Aufgabe unterteilen
Aufgabe 1a, Aufgabe 1b, Aufgabe 2a usw.

✔ Schritt 3: Anfang festlegen
Aufgabe 1a bearbeiten

✔ Schritt 4: Los!
Arbeite fünf Minuten an diesem ersten Schritt!

Beispiel 5 (Eine Studienarbeit schreiben):

✔ Schritt 1: Aufgabe bestimmen
Studienarbeit zu Thema Z schreiben

✔ Schritt 2: Aufgabe unterteilen
Gliederung erarbeiten, Literaturrecherche, Quelle 1 lesen, Quelle 2 lesen, Einleitung schreiben usw.

✔ Schritt 3: Anfang festlegen
Gliederung erarbeiten

✔ Schritt 4: Los!
Arbeite fünf Minuten an diesem ersten Schritt!

Die Fünf-Minuten-Regel ist eine einfache und praktische Hilfe bei Startschwierigkeiten. Sie erleichtert dir den Einstieg bei nervigen Aufgaben und ebnet dir den Weg in einen produktiven Arbeitsrhythmus.

Fünf Minuten hast du immer. Und selbstverständlich schaffst du es auch, dich fünf Minuten lang mit einer kleinen Aufgabe auseinanderzusetzen. Was danach kommt, wird sich zeigen. Großen Druck hast du jedenfalls nicht – und das ist zur Abwechslung mal ganz angenehm.

Und jetzt: Fang an! Nur fünf Minuten.

D wie Durchführen

👁 Auf einen Blick

- ✔ Erledige immer nur eine einzige Aufgabe zur gleichen Zeit – nur so bleibst du fokussiert und konzentriert.

- ✔ Mit Singletasking wirst und bleibst du produktiv; Multitasking blockiert und bremst dich dagegen aus.

- ✔ Arbeite in Etappen und lege zwischendurch kleine Erholungspausen ein.

- ✔ Mit der Fünf-Minuten-Regel überwindest du deine Startschwierigkeiten und kommst (ohne Druck) in Schwung.

☆ Aufgaben

- ✔ Trainiere dein Singletasking! Arbeite zehn Minuten lang wirklich nur an einer Sache und schalte alle Ablenkungen aus. Wiederhole diese Session zwei weitere Male!

- ✔ Arbeite in Etappen! Erstelle dir einen Arbeitsplan für zwei mal zwei Stunden und plane feste Pausen ein!

- ✔ Setze direkt die Fünf-Minuten-Regel um und beschäftige dich sofort mit einer Aufgabe – aber nur fünf Minuten lang!

💡 Lesetipps

- ✔ Die 7 Wege zur Effektivität (S. Covey)
- ✔ The one thing (G. Keller)
- ✔ Konzentriert arbeiten (C. Newport)

L wie Loslassen

Finde den Absprung!

Eigentlich könntest du jetzt aufhören. Sobald du im Arbeitsmodus bist und deine Aufgaben Schritt für Schritt erledigen kannst, bist du fertig. Du weißt jetzt, wie du dir einen guten Überblick verschaffst und eine produktive Struktur in deinen Alltag bringst; du hast einen Plan entwickelt und kennst die richtige Herangehensweise, um fokussiert und produktiv zu studieren.

Doch das reicht noch nicht ganz. Wenn es darum geht, effizient und zielstrebig zu werden, bist du jetzt am Ziel – aber wenn du zusätzlich auch glücklich und zufrieden sein möchtest, dann dürfen wir an dieser Stelle nicht aufhören. Wir müssen uns noch mit dem Loslassen beschäftigen und uns ansehen, was nach der Durchführung deiner Aufgaben passiert.

Bisher ging es nur darum, die Vorbereitung und den Anfang deiner Aufgaben in den Griff zu bekommen. Ein ganzheitliches Selbstmanagement geht aber noch einen Schritt weiter. Darum lernst du in diesem Kapitel, wie du Abstand zu deinen Aufgaben gewinnst und dich mental von zu großem Druck lösen kannst.

Wir sprechen über Perfektionismus und überlegen uns, wie du mit zu hohen Erwartungen an dich selbst umgehen kannst. Danach sehen wir uns an, wie du deine eigenen Fehler aufarbeiten kannst – ohne später von Schuldgefühlen heimgesucht zu werden.

Anschließend machen wir eine kleine Bestandsaufnahme und werten deine Arbeitsweise so aus, dass du die richtigen Schlüsse für die Zukunft daraus ziehen kannst. Auf diese Weise kannst du schnell mit deinen erledigten Projekten abschließen und bekommst den Kopf frei, um dich auf neue Herausforderungen zu stürzen. Zum Schluss beschäftigen wir uns noch mit dem größten Feind eines jeden Studenten: Stress. Dazu bekommst du zehn praktische Tipps, mit denen du deine Nervosität in den Griff bekommst und beim Studieren sofort gelassener wirst.

Du verringerst mit dieser Vorgehensweise deine psychischen und physischen Belastungen und kannst dich schneller von Aufgabe zu Aufgabe bewegen, weil du viele blockierende Gedanken einfach ausschalten kannst. Dieser Selbstmanagement-Ansatz ist zwar etwas aufwändiger, dafür aber nachhaltiger und schonender für dich selbst.

Deswegen bekommt das Loslassen in unserem DOEDL-Plan ein eigenes Kapitel. Wenn du die folgenden Konzepte verstanden und verinnerlicht hast, steht nichts mehr zwischen dir und einem selbstbestimmten Studium.

Es darf nicht immer perfekt sein

Gibst du im Studium immer 100 Prozent oder beschränkst du dich nur auf das Nötigste? Oder anders gefragt: Würdest du dich selbst als perfektionistisch bezeichnen?

Perfektionismus ist ein heikles Thema, zu dem es zwei sehr gegensätzliche Positionen gibt: Die einen bezeichnen sich als perfektionistisch und mögen diese Eigenschaft; die anderen beschränken sich nur auf die wesentlichen Punkte und halten Perfektionismus für eine böse Gefahr.

Beide Ansätze haben ihre Berechtigung (dazu später mehr) und an sich genommen, ist Perfektionismus weder gut noch schlecht. Es kommt nur darauf an, wie du am besten damit umgehen kannst.

Lass uns die ganze Sache darum etwas differenzierter sehen. Auf der einen Seite ist Perfektionismus eine positive Eigenschaft, die dich dazu bringt, eine Aufgabe richtig gut zu erledigen oder ein Thema bis ins letzte Detail zu verstehen.

Aber Perfektionismus kann auch negative Folgen haben, weil er dazu führt, dass du dich selbst unter riesengroßen Druck setzt und dich schnell in Einzelheiten verzettelst.

Besonders der letzte Punkt ist für viele Studenten gefährlich: Sie verrennen sich beim Lernen in kleine Detailarbeit, die für den Studienerfolg überhaupt nicht wichtig ist und verlieren so wertvolle Zeit. In den meisten Studienfächern ist es sinnvoll, wenn du dir zuerst einen groben Überblick verschaffst und dich dann Stück für Stück durch den Lernstoff arbeitest.

Gehst du dabei zu perfektionistisch vor, blockierst du dich selbst und verhinderst ein schnelles Vorankommen.

Doch in einigen Situationen kann dich Perfektionismus zu Höchstleistungen anspornen und dafür sorgen, dass du über dich hinauswächst. Wenn du zum Beispiel während deiner Klausurvorbereitung jede Definition und jedes Fallbeispiel aus der Vorlesung lernst, wirst du dadurch große Vorteile in der kommenden Prüfung haben. Du hast dann nämlich nicht auf Lücke gelernt, sondern kannst den kompletten Stoff abrufen und bist *perfekt* vorbereitet.

Du merkst schon:

Perfektionismus ist ein Balanceakt!

An der einen oder anderen Stelle im Studium solltest du durchaus perfektionistisch sein. Aber nicht immer und nicht in jeder Situation.

Lass uns mal abwägen.

Wann dir Perfektionismus hilft

In deinem Studium wirst du zu einem Experten auf deinem Fachgebiet ausgebildet. Du lernst in kurzer Zeit eine Menge theoretischer Fakten und erarbeitest dir viel Spezialwissen. Außerdem lernst du, wie exaktes wissenschaftliches Arbeiten funktioniert.

Bist du perfektionistisch eingestellt, fällt es dir leichter, eine Thematik komplett zu durchdringen und perfekt zu verstehen. Für dich ist das selbstverständlich und du gibst nicht eher auf, bis du wirklich auch das letzte Detail verstanden hast. Perfektionismus kann dir dabei helfen, komplexe Themen vollständig zu verstehen. Nur so wirst du zu einem Experten.

Außerdem hilft dir Perfektionismus bei deiner Studienorganisation. Perfektionisten hassen Fehler und lieben langfristige Pläne. Genau das kann dir in deinem Studium zu Gute kommen.

Egal, ob Klausurphase, Auslandssemester oder wichtige Deadlines: Als Perfektionist hast du alles auf dem Schirm und kannst rechtzeitig darauf reagieren.

Das sind die größten Vorteile von Perfektionismus:
- ✔ Große Motivation beim Lernen
- ✔ Hohe Arbeitsbereitschaft im Studium
- ✔ Qualitativ hochwertige Ergebnisse
- ✔ Geringe Fehlertoleranz
- ✔ Solide Studienplanung
- ✔ Aufbau von Spezialwissen
- ✔ Große Ausdauer
- ✔ Hohe persönliche Ansprüche

Perfektionismus wirkt auf den ersten Blick also wie eine Superhelden-Eigenschaft, die dich automatisch erfolgreich macht. Aber eben nur auf den ersten Blick.

Denn Perfektionismus kann schnell ins Negative umschlagen und deinen Erfolg im Studium zunichtemachen.

Wann dir Perfektionismus schadet

Du bist mit deinem Studium gut ausgelastet. Dein Stundenplan ist pickepackevoll. Pro Semester müssen 30 CP gesammelt werden. Dazu kommen noch Praktika, Seminare und Hausarbeiten.

Wenn du dein Studium ernst nimmst und nebenbei noch einen Job, Familie, Freunde und so etwas wie ein Privatleben haben möchtest, kannst du es dir nicht leisten, dauerhaft perfektionistisch zu sein:

Perfektionismus wird dich sonst kaputt machen!

Wenn du in jedem Modul versuchst, der oder die Beste zu sein oder immer Topnoten anvisierst, setzt du dich selbst unter so großen Druck, dass du daran scheitern wirst. Das ist gar nicht böse gemeint, aber wenn du keine Abstriche machst und lernst, wie du eine Aufgabe fokussiert und effizient erledigst, kannst du nicht erfolgreich studieren.

Früher ging das vielleicht, aber heute nicht mehr.

Du kannst nicht jedes Detail aus dem Skript verstehen und nacharbeiten, du kannst nicht jeden Punkt aus der Vorlesung auswendig lernen und du kannst auch nicht jede Literaturquelle lesen, die der Dozent angegeben hat. In jedem einzelnen Modul. Das geht einfach nicht. Und das hat nichts mit Faulheit zu tun.

Du musst in deinem Studium Prioritäten setzen. Wenn du das nicht tust, wirst du dich verzetteln und schnell an deinen selbstauferlegten Qualitätsanforderungen scheitern. Und das macht dich unglaublich unglücklich.

Dein Perfektionismus ist dann kein motivierendes Wundermittel mehr, sondern eine gefährliche Droge, die dir schadet.

Das sind die größten Nachteile von Perfektionismus:

- ✔ Hohe Erwartungen an sich selbst
- ✔ Keine effiziente Arbeitsweise
- ✔ Starker Leistungsdruck
- ✔ Fehlende Fokussierung
- ✔ Schlechtes Zeitmanagement
- ✔ Viel Stress
- ✔ Schnelle Unzufriedenheit
- ✔ Steigende Burnout-Gefahr
- ✔ Schlechte Priorisierungsfähigkeit

Perfektionismus kann sich also auch negativ auf dich und dein Studium auswirken und deinem Erfolg im Weg stehen.

Es darf nicht perfekt sein

Stellt man die Vor- und Nachteile einander gegenüber, fallen die negativen Aspekte deutlich schwerer ins Gewicht. Die Folgen von übersteigertem Perfektionismus können dich fies ausbremsen und im schlimmsten Fall krank und unglücklich machen.

Damit das nicht passiert, musst du die richtige Balance für dich finden, denn wie bei fast allen Dingen im Leben kommt es auch beim Perfektionismus auf die richtige Menge an:

Zu wenig ist schlecht. Zu viel ist richtig schlecht.

Zu einem sehr guten Studenten gehört eine gesunde Portion Perfektionismus dazu. Ohne diese Einstellung tust du nur das Nötigste für dein Studium und beschränkst dich auf wenige zentrale Studieninhalte.

Möglicherweise sammelst du damit (aus Glück) einige gute Noten, aber richtig vertieftes Wissen und Interesse an einem Studienfach baust du damit nicht auf. Und das wäre doch schade. Denn so wirst du nie zu einem Experten und entwickelst keine wirkliche Leidenschaft zu einem Thema, weil du dich nicht richtig damit auseinandersetzt.

Du solltest also in ein paar Bereichen deines Studiums zum Perfektionisten werden – es muss aber bei ein paar Bereichen bleiben. Perfektionismus an sich ist nicht erreichbar. Kein Zustand kann jemals perfekt sein. Und wenn du blind auf einen unerreichbaren Zustand hinarbeitest, wirst du ausbrennen und am Ende gar nichts erreichen.

Wenn du zu versessen jede Herausforderung angehst und jedes Mal am oberen Limit arbeitest, schadest du dir. Du baust dann eine ungesunde Erwartungshaltung auf, die dich langfristig erdrücken wird.

Genau das musst du jedoch verhindern.

Deshalb rufst du dir ab heute immer dann den folgenden Leitsatz in Erinnerung, wenn du wieder einmal das Gefühl hast, dich in perfektionistischer Kleinarbeit zu verlieren:

Es darf nicht immer perfekt sein!

Nicht „Es muss nicht immer perfekt sein!" oder „Es kann nicht immer perfekt sein!", sondern „Es darf nicht immer perfekt sein!" Besonders dann, wenn du perfektionistisch veranlagt bist und beim Studieren jedes noch so kleine Detail recherchierst, beschreibst, ausrechnest oder nachliest, musst du dich selbst bremsen. Du musst lernen, dir den Perfektionismus zu verbieten, wenn du merkst, dass du nicht weiterkommst.

Lösche deine Einstellung nicht komplett aus, setze sie stattdessen bewusst ein. Entwickle sozusagen einen *selektiven Perfektionismus*, der es dir erlaubt, in bestimmten Phasen im Studium extrem genau und ausführlich zu arbeiten, während du dich in anderen Situationen bewusst zurückhältst und effizient deine Aufgaben erledigst.

Das ist natürlich ein Balanceakt. Wenn du dir diese Fähigkeit aber antrainierst und dann gezielt einsetzen kannst, wird die Qualität deines Studiums enorm zunehmen. Du kannst dich dann je nach Aufgabe selbstständig motivieren und qualitativ hochwertige Leistungen abliefern, während du in anderen, unwichtigen Bereichen zwei Gänge zurückschaltest und dich bewusst mit weniger als 100 Prozent zufrieden gibst.

Sollte dir dieser Schritt am Anfang sehr schwer fallen, weil du es nicht gewohnt bist, weniger als das Maximum anzupeilen und beim Studieren keine Fehler machen möchtest, wird dich der nächste Abschnitt beruhigen.

Vergeben, aber nicht vergessen

Jeder macht Fehler. Und Menschen, die sich in der Entwicklung befinden, sogar ganz besonders häufig. Es ist also völlig normal, wenn du beim Studieren Fehler machst und nicht alles nach Plan läuft. Das kann es auch nicht, denn wenn du jeden Tag etwas Neues lernst und dich mit ungewohnten Dingen auseinandersetzt, kann nicht alles glatt laufen.

Du wirst anecken und Fehler machen; zwangsläufig. Das gehört einfach dazu – anders kannst du nicht lernen. Doch so nützlich Fehler für deine Entwicklung sein können: In erster Instanz sind sie nervig. Du hast etwas falsch gemacht und deine Ziele nicht erreicht. An sich ist das nicht schlimm, aber es ärgert dich.

Wenn du aber nicht darauf achtest, dir einen gesunden Umgang mit Fehlern anzueignen, können dich diese kleinen Fehltritte verfolgen. Aus diesem Grund ist es wichtig, dass du lernst, verantwortungsvoll mit Fehlern umzugehen. Sonst lassen sie dich nicht mehr los und ziehen dich noch Wochen oder Monate später runter und zerstören deine Motivation.

Damit das nicht passiert, musst du zwei Dinge tun:

1. Verzeih dir deine Fehler!
2. Lerne aus deinen Fehlern!

Wenn du nach kleinen oder großen Rückschlägen diesen zweistufigen Aufarbeitungsprozess durchläufst, wirst du die negative Energie aus deinen Fehlern in positive umwandeln können. Dadurch werden dich deine Fehler nicht länger blockieren und du kannst wieder voll durchstarten.

Du lässt deine (schlechte) Vergangenheit sozusagen los, ziehst aber trotzdem die richtigen Schlüsse, um es in Zukunft besser zu machen:

Du musst dir deine Fehler vergeben, darfst sie aber nicht vergessen!

Leider haben viele Menschen große Schwierigkeiten damit, sich eigene Fehler zu verzeihen. Überhöhte Erwartungen an sich selbst oder fehlende Wertschätzung der eigenen Person führen häufig dazu, dass wir allen anderen sofort vergeben – nur nicht uns selbst.

Doch diesen Prozess kannst du lernen und dabei hilft dir ein einfacher Fünf-Schritte-Plan:

Schritt 1: Gestehe dir den Fehler ein!

Was ist schief gelaufen?

Schritt 2: Finde die Ursache für den Fehler!

Unter welchen Umständen ist der Fehler passiert?

Schritt 3: Ordne den Fehler ein!

Wie groß ist der Fehler in Bezug auf dein ganzes Leben?

Schritt 4: Baue Distanz auf und verzeihe dir!

Warum bist du als Person mehr als dieser eine Fehler?

Schritt 5: Nimm dir fest vor, aus deinem Fehler zu lernen!

Was kannst du konkret in Zukunft besser machen?

Mit diesen fünf Schritten kannst du auf Fehlerjagd gehen und deine Misserfolge langsam aber sicher aufarbeiten. Dabei widmen sich die Schritte 1, 2 und 3 der Fehleranalyse. Bei Schritt 4 wird es psychologisch, denn an dieser Stelle machst du dir klar, dass du viel mehr bist als ein kleiner Fehler und schaffst es so, dir zu verzeihen und mutig nach vorne zu blicken. Mit Schritt 5 schließt du den Prozess ab und lernst aus deinem Fehler, damit du es zukünftig besser machen kannst.

Sehen wir uns ein paar Beispiele dazu an:

Beispiel 1 (Lernverhalten):

✔ Schritt 1: Fehler eingestehen
„Ich habe den ganzen Tag Serien geschaut und im Internet gesurft, obwohl ich eigentlich lernen wollte."

✔ Schritt 2: Ursache finden
„Ich habe keine Lust, mich stundenlang an den Schreibtisch zu setzen und zu lernen."

✔ Schritt 3: Fehler einordnen
„Im Prinzip habe ich noch genug Zeit bis zur Prüfung. Deswegen ist der Fehler eher klein und fällt erstmal nicht ins Gewicht. Es sollte nur nicht zur Gewohnheit werden."

✔ Schritt 4: Distanz aufbauen und verzeihen
„Heute war ich zwar nicht besonders produktiv, aber dafür werde ich in den kommenden Tagen wieder Gas geben. Insgesamt bin ich ein fleißiger Student und ich mag mein Studium. Dass ich heute nicht gelernt habe, verzeihe ich mir."

✔ Schritt 5: Aus dem Fehler lernen
„Wenn ich mich das nächste Mal zum Lernen an den Schreibtisch setze, werde ich meine Zeit nicht wieder mit

sinnlosem Kram verschwenden oder mich ablenken lassen. Notfalls treffe ich mich mit meiner Lerngruppe oder fahre in die Bib und lerne dort."

Beispiel 2 (Prüfungsergebnis):

✔ Schritt 1: Fehler eingestehen
„Ich habe zu wenig für die Klausur gelernt und deswegen eine schlechte Note bekommen."

✔ Schritt 2: Ursache finden
„Ich habe den Stoff unterschätzt und zu spät mit dem Lernen angefangen. Am Schluss hatte ich dann keine Zeit mehr und habe auf Lücke gelernt."

✔ Schritt 3: Fehler einordnen
„Normalerweise verschätze ich mich nicht derart und meine Noten sind sonst ganz in Ordnung. In Bezug auf mein restliches Studium ist der Fehler eher nicht so groß."

✔ Schritt 4: Distanz aufbauen und verzeihen
„Bei dieser Klausurvorbereitung habe ich zwar einen Fehler gemacht, aber unterm Strich bin ich ein guter Student. Ich nehme mein Studium ernst und werde mich in Zukunft verbessern. Dieses eine schlechte Ergebnis verzeihe ich mir."

✔ Schritt 5: Aus dem Fehler lernen
„Vor der nächsten Prüfung werde ich eher mit dem Lernen anfangen und mir rechtzeitig einen guten Überblick über den Lernstoff verschaffen. Es wird mir nicht mehr passieren, dass ich mich so sehr verschätze und in Zeitnot gerate. Außerdem werde ich mich früh mit meinen Kommilitonen absprechen und lieber eine Woche zu früh als zu spät mit der Vorbereitung beginnen."

Beispiel 3 (Studienarbeit):

✔ Schritt 1: Fehler eingestehen
„Ich habe seit drei Wochen nicht an meiner Studienarbeit geschrieben und bin kurz davor, die Deadline zu verpassen."

✔ Schritt 2: Ursache finden
„Ich habe andere Aufgaben vorgezogen und keine sinnvollen Prioritäten gesetzt."

✔ Schritt 3: Fehler einordnen
„In vielen anderen Situationen kann ich wichtige Dinge von unwichtigen unterscheiden. Bezogen auf mein Studium könnte dieser Fehler zu den größeren gehören, wenn ich nicht noch die Kurve kriege. In Bezug auf mein ganzes Leben ist der Fehler eher klein."

✔ Schritt 4: Distanz aufbauen und verzeihen
„Bei dieser Studienarbeit habe ich zwar einen Fehler gemacht, aber wenn ich mich in den nächsten Tagen sehr anstrenge, kann ich vielleicht zurück auf die Erfolgsspur kommen. Normalerweise halte ich meine Deadlines immer ein und bin wirklich zuverlässig. Diesen einen Fehler verzeihe ich mir."

✔ Schritt 5: Aus dem Fehler lernen
„Bei meiner nächsten Studienarbeit werde ich mein Zeitmanagement verbessern und darauf achten, dass ich meine Deadline im Blick behalte. Ich werde mein Vorgehen ganz genau abstimmen und mir einen kleinschrittigen Plan zurechtlegen, damit ich nicht wieder so weit zurückfalle."

Fehlermachen ist im Studium ganz normal. Wichtig ist nur, dass du dann etwas mitnimmst:

Jeder Fehler, aus dem du etwas lernst, ist ein guter Fehler!

Aber aufgepasst: Die Betonung liegt auf dem Einschub „...aus dem du etwas lernst...". Denn wenn du deinen Fehlern etwas Positives abgewinnen kannst, fällt es dir viel leichter, dir selbst zu verzeihen und optimistisch weiterzumachen.

Am einfachsten und schnellsten geht das, wenn du den fünfschrittigen Prozess schriftlich durcharbeitest und eine Art Fehlertagebuch führst. Nicht, um dir zu verdeutlichen, wie oft du Mist baust, sondern um schnell mit der Vergangenheit abzuschließen und täglich neue Lerneffekte zu erzielen.

Wenn es dir gelingt, diese Fehlerkultur zu etablieren, wirst du in deiner persönlichen Entwicklung einen großen Schritt nach vorne machen und fast komplett die Angst vor neuen Fehlern verlieren. Denn dann sind es keine Rückschritte mehr für dich, sondern bestenfalls kleine Hürden auf deinem Weg zum Erfolg, die du im Gegensatz zu vielen anderen nur einmal nehmen musst.

Und falls dir doch irgendwann alles über den Kopf wächst und du vor lauter Stress kaum noch denken kannst, dann bekommst du jetzt sieben praktische Tipps, die sofort für mehr Gelassenheit sorgen.

Probier's mal mit Gemütlichkeit

Es gibt Momente, in denen dich dein Studium herausfordert und hart auf die Probe stellt. Zum Beispiel wenn zeitgleich besonders viele Verpflichtungen auf dich zukommen oder du dich in Ausnahmesituationen befindest und Prüfungen absolvieren, Vorträge halten oder wichtige Deadlines beachten musst.

In diesen Stresssituationen ist eine Sache besonders wichtig: Ruhe bewahren. Eine gesunde Portion Nervosität gehört natürlich auch dazu – blockieren darf sie dich allerdings nicht. Denn nur, wenn du cool bleibst und dich gelassen deinen Herausforderungen stellst, kannst du deine beste Leistung abrufen und über dich hinauswachsen.

Du musst deine Sorgen und den ganzen Stress loslassen können und darfst dich nicht von jeder Kleinigkeit verrückt machen lassen. Diese sieben Tipps helfen dir dabei:

1. Lerne deine Angst kennen!

In Stresssituationen geraten wir meistens dann, wenn wir vor etwas Angst haben. Dass diese Ängste oft unbegründet und irrational sind, ist erstmal egal. Wir haben einfach Angst. Der erste Schritt zur Besserung und zu mehr Gelassenheit besteht dann darin, dass du dir klarmachst, was dich bedrückt.

Damit nimmst du deiner Angst den Schrecken und kannst nicht mehr von ihr überrascht werden. Sobald du deinen Feind kennst, weißt du, was auf dich zukommen könnte und bist auf den Fall der Fälle mental vorbereitet.

2. Überlege dir ein Worst-Case- und ein Best-Case-Szenario!

Was im ersten Moment wie ein großer Widerspruch aussieht, hilft hervorragend gegen Stress und beklemmende Gefühle: Stell deine Angst in den Mittelpunkt und überlege dir, was schlimmstenfalls passieren kann. Oder: Definiere deinen persönlichen Albtraum. Sei komplett pessimistisch und male ein finsteres Worst-Case-Szenario.

Danach wirst du fast automatisch dazu übergehen, über Lösungen nachzudenken und dir für den ungünstigsten Fall einfache Schritte zu überlegen. Am Ende wirst du sehen, dass deine Lage gar nicht so aussichtslos ist – und das obwohl du vom schlimmsten aller denkbaren Fälle ausgehst. Trotzdem darfst du dich nicht von negativen Gedanken überwältigen lassen und solltest nach diesem kurzen Abstecher schnell umschalten.

Daher: Überlege dir, was im besten Fall passieren kann und wie es wäre, wenn alles genau nach Plan oder sogar noch besser liefe. Stell dir ein Best-Case-Szenario vor und denke daran, wie glücklich und zufrieden du sein wirst, wenn du alles geschafft hast. Nicht, um dich entspannt zurückzulehnen, sondern um dich selbst zu motivieren. Frage dich: Warum sollte es nicht auch mal gut laufen?

3. Ordne deine aktuelle Lage richtig ein!

In Stresssituationen überreagieren viele Menschen und schaffen es nicht, die aktuelle Lage sachlich zu bewerten. Leider führt dieses Verhalten genau dazu, dass du falsche Entscheidungen triffst und dich schlecht fühlst. Versuche daher, deine Situation richtig einzuordnen und lass dich so wenig wie möglich von Emotionen in die Irre führen.

Nimm etwas Abstand und erinnere dich an ähnliche Momente, die du bereits durchlebt hast. Was auch gut hilft: Überlege dir, was du guten Freunden raten würdest, die sich in deiner Situation befinden. Welche Tipps würdest du ihnen dann geben? Wie würdest du ihnen helfen?

4. Sprich mit dir selbst!

In vielen stressigen Situationen brauchen wir eigentlich nur einen Freund, der uns gut zuredet und uns Mut macht. Falls gerade niemand in deiner Nähe ist: Sei dir selbst dieser Freund! Durch kleine Selbstgespräche kannst du dich beruhigen und dir neue Kraft geben.

Aber: Achte darauf, wie du mit dir sprichst! Anstatt schlecht über dich zu reden oder eine Beschwerde nach der anderen rauszulassen, solltest du positiv bleiben. Sag dir, warum du es schaffen wirst und was für ein cleveres Kerlchen du bist.

5. Vergleiche dich mit erfolgreichen Idioten!

Wann hast du das letzte Mal gedacht: „Es gibt so viele Idioten da draußen! Und diese Idioten sind auch noch erfolgreich!" Doch anstatt dich mit diesen Menschen auseinanderzusetzen und dich über die Ungerechtigkeit auf der Welt zu beschweren, könntest du dich auch fragen: Wenn so viele Idioten Erfolg haben, warum sollte ich als Nicht-Idiot dann keinen Erfolg haben? Wenn du über deine aktuelle Lage nachdenkst: Haben weniger intelligente Menschen vor dir erfolgreich das Gleiche versucht und dabei Erfolg gehabt? Was spricht dann gegen dich?

6. Erinnere dich an deine Erfolge!

Erinnere dich an die Ziele, die du schon erreicht hast, und an die schwierigen Momente, die du in deinem Leben meistern konntest. Es beruhigt ungemein, wenn du dir deine Erfolge vor Augen führst und dir auch den steinigen Weg dorthin ins Gedächtnis rufst.

Sieh dir deine aktuelle Lage an und frage dich: „Wie habe ich in ähnlichen Situationen bisher abgeschnitten? Warum sollte es jetzt schlechter laufen?"

7. Schreibe drei Gründe auf, warum du es schaffen wirst!

In besonders stressigen Situationen, in denen du kaum noch einen klaren Gedanken fassen kannst, hilft es, deine Gedanken aufzuschreiben. Durch diese schriftliche Fixierung werden sie ein Stück weit real und bekommen eine höhere Gewichtung – und das kannst du nutzen, um dich zu beruhigen und zu motivieren.

Wenn es bei dir also mal wieder drunter und drüber geht: Nimm dir etwas zu schreiben und notiere drei Gründe, warum du erfolgreich sein wirst. Schreib deine Stärken auf; dadurch siehst du deine Lage deutlich positiver und machst dir bewusst, was du alles kannst.

Diese sieben Tipps kannst du sofort anwenden, wenn es in deinem Studium mal besonders stressig werden sollte und du eine Extraportion Gelassenheit gebrauchen kannst. Denn sobald du deine Sorgen loslässt und einen klaren Kopf bekommst, musst du dich nie wieder von deinen negativen Gedanken herumschubsen lassen.

Studenten werden fast täglich vor neue Herausforderungen gestellt und fühlen sich dadurch von Zeit zu Zeit überfordert. Wenn du es allerdings schaffst, in diesen Stresssituationen ruhig und gelassen zu bleiben, hast du einen großen Vorteil und wirst deine persönlichen Ziele viel schneller und entspannter erreichen – innerhalb und außerhalb deines Studiums.

Nachdem du nun mit den Grundregeln des Loslassens vertraut bist, hast du alles, was ein wahrer DOEDL-Meister braucht. Du kennst die fünf wichtigsten Prinzipien und weißt, wie du dein Studentenleben in den Griff bekommst:

Durchblicken, Organisieren, Einteilen, Durchführen, Loslassen.

Das ist dein Weg in ein glückliches und selbstbestimmtes Studium. Du musst ihn jetzt nur noch gehen. Aufgabe für Aufgabe und Schritt für Schritt – wie ein echter DOEDL-Champion.

Viel Erfolg!

🎁 Auf der allerletzten Seite in diesem Buch wartet noch eine kleine Überraschung auf dich!

L wie Loslassen

👁 Auf einen Blick

- ✔ Perfektionismus ist ein Balanceakt: Zu wenig ist schlecht; zu viel ist richtig schlecht.
- ✔ Zu hohe Erwartungen an dich selbst schaden dir und blockieren dich („Es darf nicht immer perfekt sein!").
- ✔ Fehler sind ganz normal und gehören zum Studium dazu. Du musst dir deine Fehler vergeben, darfst sie aber nicht vergessen.
- ✔ In Stresssituationen musst du Ruhe bewahren und gelassen bleiben.

☆ Aufgaben

- ✔ Arbeite bewusst nicht perfekt und erledige bei deiner nächsten Aufgabe nur das Nötigste! Wie zufrieden bist du mit dem Ergebnis? Wie viel Zeit hast du gespart?
- ✔ Führe eine Woche lang ein Fehlertagebuch und wende täglich den Prozess von Seite 128 auf drei Fehler an!
- ✔ Wende ab heute jeden Tag einen der sieben Tipps für mehr Gelassenheit an!

💡 Lesetipps

- ✔ Perfektionismus: Wenn das Soll zum Muss wird (R. Bonelli)
- ✔ Die 7 Geheimnisse der Schildkröte (A. Long et al.)
- ✔ Am Arsch vorbei geht auch ein Weg (A. Reinwarth)

Ende

Infos zum Buch

Die DOEDL-Methode ist kein langweiliges Fachbuch, vollgestopft mit unverständlicher Theorie – sie ist eine praktische Anleitung, die dir Schritt für Schritt dabei helfen wird, selbstbestimmt und organisiert zu studieren. Vor dir liegt eine komprimierte Sammlung der angesagtesten Selbstmanagement-Methoden, gespickt mit zahlreichen Beispielen aus deinem Studentenalltag.

Aber das ist noch nicht alles: Dieses Buch wurde von unserem kleinen Studienscheiss-Verlag fair und hochwertig produziert. Wir arbeiten mit regionalen Designern, Lektoren und Druckereien zusammen und lassen unsere Bücher komplett in Deutschland herstellen. Alle an der Produktionskette beteiligten Partner werden von uns fair behandelt – und bezahlt.

Allesamt kleine und mittelständische Unternehmen, die mit Herzblut bei der Sache sind und mit denen wir ein gemeinsames Ziel verfolgen: hochwertige Produkte zu erzeugen, die unsere Leser glücklich machen.

Deswegen gibt es unsere gedruckten Bücher nur im hübschen Hardcover-Format, in modernem Buchsatz und mit praktischem Lesebändchen. Für schmalere Budgets bieten wir unsere E-Books zum halben Preis an.

Unsere Bücher entstehen unter nachhaltigen Produktionsbedingungen, schonen die Umwelt und fördern die regionale Wirtschaft. Und genau das unterstützt du, wenn du dir dieses Buch zugelegt hast.

High five dafür!

Über den Autor

Dr. Tim Reichel, Jahrgang 1988, ist Autor, Wissenschaftler und Unternehmer. Nach dem Abitur studierte er Wirtschaftsingenieurwesen an der RWTH Aachen und ist anschließend zur Promotion an der Uni geblieben. Dort betreut er seitdem industrienahe Forschungsprojekte und beschäftigt sich mit den Themen Nachhaltigkeit und Ressourceneffizienz.

Seit acht Jahren arbeitet Tim zudem als Fachstudienberater und Koordinator eines Prüfungsausschusses. Dabei coacht er Studenten, berät bei Schwierigkeiten im Studium, schreibt Prüfungsordnungen und begleitet Akkreditierungsverfahren.

Im Juni 2014 gründete Tim sein Unternehmen Studienscheiss. Mit dieser Plattform hilft er deutschlandweit tausenden Studierenden und Bildungsinteressierten dabei, glücklich und erfolgreich zu studieren, um in der späteren Berufswelt zurechtzukommen. In seinem Blog veröffentlicht Tim regelmäßig Artikel zu den Themen Zeitmanagement, Motivation und Persönlichkeitsentwicklung. Dort gibt er auch Tipps, wie man den stressigen Alltag in den Griff bekommen, fokussiert arbeiten und sein Leben proaktiv gestalten kann.

Das ist Tim

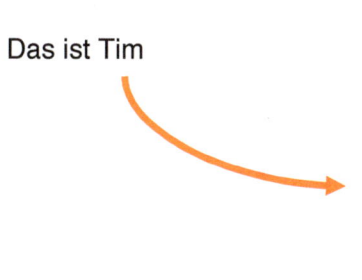

Dankeschön

Ich danke allen Lesern meines Studienscheiss-Blogs. Ohne euch und eure riesige Unterstützung gäbe es meinen Blog und dieses Buch nicht.

Ihr seid die beste Community, die es im deutschsprachigen Raum gibt und ich liebe es, für euch zu schreiben. Danke, dass ihr mich motiviert, kritisiert und immer wieder hinter mir steht. Danke, dass ihr da seid.

Alleine hätte ich dieses Buch niemals schreiben können. Deswegen danke ich besonders den Menschen, die mir dabei geholfen haben: Marie, Kristina, Melanie, Claudia und Sajoscha.

Vielen Dank, dass ihr mich ertragen und in jeder schwierigen Situation unterstützt habt. Auch dann, wenn ich nervig und zickig war oder mich einfach blöd angestellt habe.

Eure Verlässlichkeit, eure Geduld und euer Einsatz sind unglaublich und alles andere als selbstverständlich. Ich weiß das wirklich zu schätzen – und danke euch allen von Herzen.

Viel Erfolg!

Hol dir hier deine Überraschung ab:

www.studienscheiss.de/doedl-methode-geschenk